Anne Eckerfeld

Singe wieder, mein Herz

Lyrik

Copyright: © 2021 Anne Eckerfeld
Satz: Erik Kinting – www.buchlektorat.net
Umschlagentwurf: Anne Eckerfeld

Verlag und Druck:
tredition GmbH
Halenreie 40-44
22359 Hamburg

978-3-347-32273-8 (Paperback)
978-3-347-32274-5 (Hardcover)
978-3-347-32275-2 (e-Book)

Bibliografische Information der Deutschen Natio-
nalbibliothek:
Die Deutsche Nationalbibliothek verzeichnet diese
Publikation in der Deutschen Nationalbibliografie;
detaillierte bibliografische Daten sind im Internet
über http://dnb.d-nb.de abrufbar.

Inhalt

I
Seinsweisen

II
Mensch und Natur

III
Natur/Jahreszeiten

IV

Begegnungen

V

Gebete

VI

Alter

VII

Lebensphasen und Geschichten

I

Seinsweisen

Morgendliches Erwachen

Im Morgenauge
die ungeweinte Träne
aus dem Traumkelch der Nacht.
Ich fand kein Zuhause,
als das Gewohnte wich,
restlos verloren
in der Heiterkeit des sonnigen Tages.

Das Summen der Bienen
weckte die Angst
vor der Aufhebung der Zeit,
vor dem Tod und dem Sein.
Im Gerüst der Stunden
eingebaute Zeitnester

mit der Beliebigkeit
des Verweilens.
Die sich streifenden Blicke,
diagonaler Schnittpunkt
der Hoffnung.

Verwirrung

Das Gehirn ist ausgewandert,
der Blick ins Nichts gefallen,
die Ohren taub den Tönen.
Hinter der Stirnwand unerträgliche Weite
und der erstickte Schrei
nach dem fehlenden Chaos
und seinem Sinn, es zu ordnen.

Die Eingeweide verdrängen den Geist
und sind allgegenwärtig,
sie verschlingen den unverdaulichen Tag.
Die Gedanken liegen am Boden,
ein verworrenes Knäuel
durchschnittener Ariadnefäden.
Kein Weg aus dem Labyrinth.

Am Wurzelstock der Gefühle
hockt das Weinen, uralt, ein Meer
angesammelt seit Generationen
und droht mit seiner verschlingenden
Tiefe und seinen unzeitigen Stürmen.

Menschwerdung

Am phylogenetischen Urgestade
erlöste Muschelträume,
Bildungsstätte der Erlebnisperlen,
die unter dem Druck der Begierden
und Empfindungen zur Gedankenhelix
verschmelzen, für immer Choreographie
zukünftigen alltäglichen Handelns.
Für immer einsamer Streckenläufer
im Staffellauf von Begegnungen.

Wünsche

Wünsche, Vögel mit Sehnsuchtsflügeln
auf dem Weg zur Liebe,
lass sie fliegen,
die Welten zu ergründen,
die da sind.
Wie tausend kleine Flüsse
werden sie zum reißenden Strom,
der dich an fremde Ufer
und ins Meer deiner Gefühle spült.

Betrete das blühende Land,
das Gelobte, das von Anbeginn
dir bereitete, singend die Lieder
des Schmerzes und der Freude,
die dir gegeben wurden –
und liebe.

Glück

Im Widerschein der verlöschenden Frage
nach dem Glück
beleben sich nächtlich die Dämonen,
die, um sie zu bannen
nach der Unrast des Tages,
im Erschöpfungsschlaf ertränkt,
im Traum sich Abbild schaffen.

Auf des letzten Traumes Schwebung
bot sich die Wahl zwischen dem Nichts
und einem unsanften Fall ins Leben.
Da quoll Lava gleich die Wut aus allen Ritzen,
dass dies zu entscheiden leben heißt
und das Glück dir nicht zufällt.

Verlorene Wünsche

Das Geflecht deiner Rituale
um deine Wünsche gesponnen,
den Filz von Wut und Verachtung
zu lösen, ein schmerzhaftes Unterfangen.
Die Tage bestehst Du gestiefelt
und gespornt gegen die Traurigkeit.

Der Sattel Deines Wertes ist locker
und beschwört die Gefahr eines tödlichen Sturzes.
Resignation, der ungelöschte Frachter der Gefühle,
Schuldgefühle geboren aus der vorenthaltenen
Liebe
ersparen dir die schmerzhafte Erfahrung des
Hungers.

Selbstsuche (Metamorphosen)

I

Steig ein in dein Selbst
unterwegs ohne Weg,
hol deine Gefühle nach Hause -
endlich.
Deine Wohnungen, die in dir
bereitet wurden,
sind noch unbezogen,
weil du dich aufhältst mit
den Verwundungen anderer,
deine eigenen für unheilbar erklärend
mit der Erwartungshalluzination:
Die Zeit heilt alle Wunden,
dem Rezept aus der Giftküche
der Tradition.

II

Deine Wünsche abgestoßen
wie der Schorf einer Wunde,
wie der Schweif einer Sternschnuppe,
die zu ihrer Erdbestimmung rast
und sich in den Tod wühlt,
Wunde in einer Wunde,
ausgestoßenes Gewöll,
embryonales Monster,

Steinkindgeburt.
Die Kraft zum Leben,
die sich verkehrt in die Kraft zum Tod.

III
Die Wurzeln meiner
verwaisten Gefühle
wollte ich reißen
aus dem Herzboden,
als meine Hand erstarrte
und gefror in eisiger Wut
und dies nicht konnte.
Seither
im eigenen Zentrum
sich festbeißende Wut
hockend hinter der Tür
von Vorwürfen.
Um das Kometendasein
meiner Gefühle zu beenden,
müsste ich sie öffnen –
doch, wer sagt mir,
dass ich nicht sitzen bleibe
für immer auf meinem Hass
und dabei meine Liebe verblutet.

Ikarus

Dein Schrei blutet
in deinen Händen.
(Fällt man so aus einer Liebe ?)
In dein Fleisch bohrt
die Erde den Tod,
diese neue Welt,
die im rasenden Flug
sich nähert.

Den Mund voll Wind und Meer
und im Schweif tausend
brennender Sonnen
ein Lied verwahrt,
das auf dein Gefieder sinkt
wie eine tötende Hand
und war vordem noch Wind unter
deinen Flügeln.

Deine zerschmetterten Glieder
sind dem Leben taub
und tot dem Tod;
sie rühmen den Tod
im Unverstand.

Einsamkeit

Ich bin so einsam,
dass ich es nicht empfinde.
Lärm und Stille
fallen auf ein kahles Feld.
Erinnerungen wintern längst,
und für ein Voll des Jahres
fehlen Tage,
gebrochene Lanzen am Rost
erkrankt in eine müde
Hand gegeben.

Und Nebel blassen mir
die Tage,
ihre Nässe legt sich
in den Nacken,
und in seiner Biegung nisten
lange Nachmittage
wie Dunkelheit in eines
Baumes hohlem Stamm.

Und vorne fall ich ein
wie unterhöhlte Erde,
weil die Worte ausgegangen,
seit die Zunge stolpernd
sie zu Krüppeln machte.

Da setz ich Farben aufs Papier
und male rot den Schrei,
den ich nicht kann
und grün dem toten Aug
zur Hoffnung –
und gelb, dass es noch
Herbst wird mit den hellen Farben.

Warten

Warten – das ist unter all den
vielen Gewändern,
die du täglich wechselst, das letzte,
nie ablegbare, deine Nacktheit
verbergend, die auf Tugend hofft,
die Haut über deinem Fleische,
in die einer Wunden schlägt.

Erinnern

Was im Erinnern dunkelt
wie im eigenen Haus, lass es ruhen.
Weist du es hinaus,
könnt es sich Schaden tun
und würd daran sich selber fremd
und legt vielleicht den stillen
unlöschbaren Brand.

Psychose

Wenn die Sinne auseinanderfächern
und nach allen Seiten rasen
und die unbewachte Mitte ausbrennt,
wird kein Wort auf dem anderen bleiben,
eines wird auf das andere fallen wie Feuer,
und dem Verderben, das dich trifft,
folgt der Tod im Geiste.
Dein Herz weiß nichts vom Tod
und leidet, kostet nur den Reif am Morgen,
wenig später von der Sonne gelöscht.

Unerwiderte Liebe

Nicht du sätest deine Schritte
in die Felder,
ließest das Licht nicht aufbrausen
im See
einer tanzenden Windhose gleich,
schneidend schnell die bunten Enten
zu schwarzen Punkten versengend.

Nicht du gabst die tröstliche
Antwort, nun wiedergespiegelt
in der sich abblätternden
gelb-grün geschachten
Rinde der Platanen –
so augennah nichts mehr
auf dieser regengrauen Straße.

Macht der Gewohnheit

Flöge mich ein Lachen an –
und ich spränge von dieser
sich wälzenden Kugel
meines geduckten Lebens,
die sich die Bilder
in den Bauch rennt.

Wanderer

Noch weiß er nicht, wie die Tage enden.
Ausgetrockneter Brunnen der Morgen,
in der Landschaft des Tages verdämmernd.
Mit des Fußes Schritt flieht leises
Seufzen, ein aufgescheuchter Vogel
die Stirn umflatternd.

Nach oben sind die Tage bildlos,
wie ein Grab die Nacht darüber.
Die späten Stunden tragen keine
Botschaft, die sein Herz berührt.

Seine Hände greifen nach Blättern,
ihren Gesang zu bergen,
nach den Häuptern der Ähren,
in der Mitte ihres Wiegens
ihre Schwere aufzufangen.

Doch Müheloses will nicht
in harten Schalen wohnen
und entwindet sich den Händen
im Schwingen eigener Kreise.

Am Abend…

Am Abend glüht der Tag
auf meinen Wangen aus
und Worte, die am Tage
nicht zum Blühen kamen,
drängen über meine Lippen
wie aus einer Wunde,
die sich nicht schließen kann.

Am Morgen wehte zartes
Birkengrün und Vogelflug
gab unlösbares Rätsel auf.
Dann lief die Mittagsstille
neben mir und legte warm
sich auf Gesicht und Hand. –

Auf Blumen ließ ich meine
Sehnsucht fallen,
sie zu bergen für die Nacht,
Tautränen in ihren Kelchen,
dass ich sie wieder fände
am nächsten Tag.
Dann kam der Abend….

Schlaflos

Wenn dich die Dunkelheit
nicht heimholt in dein Herz
und schlaflos auf jagendem
Puls Gedankensplitter kreisen
und Meteoriten gleich
Krater schlagen ins Gemüt
und im aufsteigenden Angstrauch
der Geist sich selbst entfremdet,

Wenn dann der erste blasse Flötenton
des Lichts die Nachtgesichte löscht
und mit seinem Schöpfungsfinger
deine müde Stirn berührt
und das Augenlicht dir wiederschenkt.

Wenn dann das Licht
sich an den Tag verschwendet
und die Ordnung aus dem Chaos hebt
dann gehst du in den Tag
wie in ein schützend Haus.

II

Mensch und Natur

Minoischer Palast

Wandelnd in den geweihten Räumen
unter dem nieder strömenden Blau
des sonnendurchglühten Himmels,
der seines Gleichen sucht
in den Gefäßen meiner Liebe,
in jenen Krypten verborgen,
die noch unter den Räumen liegen,
wo das Chaos seine Ordnung findet
durch das Opfer, aus der Schuld geboren.

Die Liebe ergreift das Netz
der unsichtbaren Verknüpfungen,
jener zum Licht fliegende Vogel
mit perlendem Morgentau gekrönt
und die Kraft seiner Schwingen
aus der Mittagsglut geschmiedet.
Sein nie verlöschendes Auge getränkt
mit den im Abendlicht gesammelten
uralten archaischen Bildern,
Knotenpunkte der Begegnungen,
auferstandene Geschlechterseele.

Am Strand

Eine kleine Weile Traum,
nur so lang wie der Welle weißer Schaum,
wie die Wolke, die am Horizont als Kuss vergeht,
wie des Segelbootes
weiße Blüte im blauen Meeresbeet.

Der Wind deinen Schal zur Durchsicht bläht,
die Sonne, die den Tag mit Ewigkeit vermählt,
der Sand mit tausend Spuren übersät,
und dein Herz, das alles in sich trägt.

Ich bin

Ich habe nichts als den Tag
und diese kleine Lücke,
wenn der Vorhang der Gewohnheit
sich beiseite schiebt,
wenn des Esels Schrei
und des Hahnes Krähen
die Seele schaukeln lässt
in Himmelshöhen,
wenn das Auge in ein Auge blickt
und Liebesfunken Feuer fangen
und Zeit nicht mehr vergeht,
sagt mein Herz: Ich bin.

Die Welt der Dinge

Ich wollte in den Dingen sein,
ich richtete ihnen Bilder ein.
Sie lockten mich, versprachen Schutz.
Lichtstufen über des Schlafes Abgrund
verbargen sie die Endlichkeit und
das Zittern des fortwährenden Zerfalls.

Sie zu begreifen, verfiel ich ihnen;
die Welle, die mich zu ihnen spülte
riss mich von mir selber fort.
Durch meiner Gedanken Fenster
flogen sie wie Vögel
in des Himmels blaue Lust.

In den Ruinen meines Geistes
nun ihre verlassene Brutstätte,
Nistplatz meiner einsamen Seele,
die sich im Schrei erlöst,
diesem Tor zu den Liedern,
verwahrt unter den Erzen der Liebe.

Erinnerungen

Auf des Windes Böen
treibt die Erde fort vom Herzen
und über die Fremdheit des Tals
rettet nur ein Flug. –
Bilder, die waren, tragen tauene
Blässe in den blauen Himmel –
Bilder – tanzende Lichtmücken
auf glitzerndem Wasser verwaist.

Abendwind

Er nähert sich mit dem Duft
von Getreide in seiner Rechten,
seine Linke voller Blumen
vergangener Jahre.

Mein Herz hat keinen Ausgang,
nur die Spur des Erinnerns
und die Angst, die Schönheit
dieser Nacht zu vergessen.

Versunkene Welt

Musik, die mir ins Gemüt gedrungen,
sticht Bild um Bild aus den Erinnerungen,
die in Sedimenten den Lebenskeim umfangen,
Höhlenbilder, die an den Tag gelangen
und ihren Reigen neu beginnen.

Leise fällt die Schwermut von den Schwingen
und gibt sie frei, die Vögel für eine Runde
Flügelschlagen durch das All
und vom Wunder neuer Gegenwart getragen
sind sie vollgesogen dann mit Sein.

Schweigen

Deines Schweigens Wellen
verschütten das Licht.
Es löscht das Zittern
der Gräser und lässt
die Lieder versiegen.

In seinem blauschwarzen See
verläuft sich des
Lebens Laut.
In seinem Spiegel
bin ich jung und alt.

Und fahl verhaucht
Blume, Vogel und Stern
wie ein Gespinst.
In noch älteren Fernen
bin ich selber tot.

Zugewachsene Wege

Irgendwann wachsen
selten begangene Wege zu;
darauf wiegt der Farn
auf fächernden Armen
das Licht und die Spinne
verwebt die Enden der Zeit.
Am Boden fangen dornige
Ranken die Dunkelheit ein.

Von den Uhren fallen Stunden,
gesammelt aus dem Rundgang
von sonnigen Tagen und
breiten schimmernde Netze
über die eingewobene Stille
und stoßen wie fremde Inseln
an des Gedanken Rand.

Nur manchmal, wenn der Wind
aus verlassenen Räumen
sich aufmacht und den
grünen Schleier öffnet,
fällt der sinkenden Sonne Strahl
bildbeladen ins Herz.

Herbst

Blätternder Herbst,
gelb lachst du auf
vor grüner Mauer des Waldes
unter blasser Sonne,
hältst nieder das Herz,
das erstaunte, hebst es dann
in die Baumreihen
schreitender Jahre,
die Einzug halten unter
feuchtrauchigem Duftdach
des Himmels.

Du öffnest deine jubelnden
Augen, deine bunt betauten –
ein Ritter vor roten
Rosen und Geranien.
Dein Lächeln, ein langes
Bleichen und Stillestehen
der Farben für eine Weile.
Mit Großmut schreibst du Tod,
erst zart, dann rot,
dann gelb, dann braun,
fügst dieses Leid aus Liebe.

Nebel

Hinter meinem Rücken
steigst du auf,
weißer Vogel,
hebst deine Nebelschwingen.
Auf den Weiden
schwimmendes Vieh
ohne Rumpf.
Am Bach entlang
verdichtete Zonen
deiner Zeugung.
Baumkronen wie im Taumel
vor diesen Zeichen
eines neuen Seins,
den wuchernden Geschichten
sommerlanger Gespräche
mit den Wettern des Himmels.

Rosen

Rosenblüten erleiden ihr
dunkelndes Rot.
Wenn sie zur Erde fallen,
ist es wie säumendes
Liderheben
von Augen aus
fruchtversunkener Welt –
nur Worte haben solche Not,
wenn sie der Liebe
scheu entgegen leben.

Neubeginn

Feuchte Frühlingserde,
schwarzes Auge des Taues,
lidlos ohne Müdigkeit.
Aufspringen die Türen
meines Herzens
für den Augenblick,
da ich eintauche in
deine gebärenden Ströme,
fühlbar im Schmerz,
dem Auge unsichtbar.

Himmel und Landschaft im Regen

Der Klarheit sich verwehrendes Land
zwischen niedergehenden Schauern.
In den Wolken wanderndes Licht
macht des Himmels Nähe kühl.

Und ich suche nach den Wegen,
die am Vortage sich meinem
Übermut noch öffneten – mühelos –
und endlos waren im Spiegel
meines kindlichen Lachens;
in seinem Brennpunkt
die Auferstehung meiner Bilder.

Heute jedoch, wo wassersatte
Wiesen Seen sammeln,
begierig dieses leuchtenden Schatzes
in ihrem lichtlosen Schoß
und nun offen für des Himmels Heimkehr –
heute lässt du mir nur das Braun
deiner Erde – Farbe des Wartens.

Tage im Herbst

So einsam nie der gelbe
Tanz der Blume,
so tagessteif du nie auf
dem Rücken des Pferdes
mit dem gedrängten Blick
eines Don Quichotte.

So geliehen nie das Abendrot.
Vorzeitig vertan
schenkt es den Wolken
kein Gestade.

So erloschen nie
die Furchen des Feldes,
dem Pflug entfremdet
und der dunklen Farbe übersatt.

Sommeranfang

Ich kenn den Sommer schon,
kenn ihn am saftigen Wiesenschritt.
Sein Wind ist Orgelton.
Sein Schaffen ist ein
grüner Strauch am Weg,
der mir ins Antlitz fällt
und leuchtend meine Seele hält
so zwischen grün und weiterer Welt,
die er begierig lebt.
Ich kenn den Sommer schon;
ich traf ihn im Morgenlicht,
wo des Taues Träne leicht vergeht.

Vorfrühling

I

Ich kann mich nicht wenden
von diesem dunstigen Hauch,
daraus die Erde steigt,
die wie ein Blatt hängt
zwischen Sonne und Wind,
umspült von ozonduftigem Grau.

Und auch meine davor gehaltene Seele
bringt keine Farben
nur Schatten und Licht
machen sie zittern nach seliger Armut.

Ich kann mich nicht wenden,
wo das Entschwindende
die Augen lädt zum Male
des sichtbaren Festes.

II

Was mühst du dich so, kleine Meise?
Dein Schrei reicht nur
bis zur Haut des Eises.
Warte, sei still,
mein Herz kann noch nicht lesen
im Grün deines Rufes,

wohnt es noch im Abgelösten
dieser Farben,
im Giebel der dunkelnden Zeit.

Du lockst die vergangenen Farben
so meisterhaft, dass mein Lächeln
sich verschenkt an diesen lichten Tag!
Sei Still! Dein Schrei
hilft einer erfrorenen Blume
nicht auf, hofft sie doch
auf die Liebe eines längeren Mondes.

Was mühst du dich so, kleine Meise?
Der Schrei deines kleinen Körpers,
schwarzer Punkt zerstobener Asche
im abendlichen Gold!
Sind auch die frühen Stunden
dir reif genug?

Am Abend

Sonne sinkt,
Stille steigt
mit rotem Mond
im Gesträuch verfangen.
Wasser sind
mit Dunkelheit
wie große Augen aufgegangen.
Darinnen wohnt
silberfischleib lang
die Ewigkeit,
die die Zeit verzehrt,
weil`s das Herz begehrt.

.

Land im Winter

I

Die Kälte zog aus in der Nacht
aus dem Hof des Mondes,
die Erde zu freien.
Sie wirft Reif in ihre Furchen
und facht am Morgen
aus einem lichten Blau
den metallisch kalten Brand,
der an den Horizonten niedergeht.

Blaustichig malt sie die Stadt,
vor ihrem Tor die Flut der Felder.
Und den Wald treibt sie
aus ungeformter Mitte
in das Ereignis seiner tausend
kleinen schwarzen Äste,
in die Nähe meines Herzens,
dass es schmerzt.

II

Dieser weiße Vogel, der im Baume
meiner Lieder nistet.
Es bricht das Eis
seiner Licht bewehrten Krone,
gefrorene Träne dem Winde geweint,

gleißende Feuerblume im Schnee.
Wind treibt blaue Schatten
auf vom Weiß,
die die Weite bauen,
ein verhallender Ton
im Gesang des Himmels.

Herbstsonate

I

Hol mich heim aus dem
nassbraunen Leib des Laubes,

Aus dem Schrei des Vogels,
klagende Sichel über
tagelange Regenhügel.

Aus diesem Leichnam
von Gedanken,
erdgedunkelte Nähe zum Schlaf,

aus den geflüsterten Namen,
fliehendes Wild vor des Mondes
flüssige Scheibe.

Aus dem Glanz schwarzer Wasser,
heimliche Nähe zum Nichts.

II

Immer wieder dunkelt meine Seele,
dieser herbstgewohnte Baum,
der an Früchten spart.
In ihrem Innern
hängen lange Winternächte

wie im Traum,
so ferne einem hellen Tag.

Wär´ doch der Gedanke an Dich
wie ein dunkler Ton,
der all die schrillen Töne,
die von den Steinen springen
in sein schwingend Schiff
nähme und schon
müssten sie verwehen oder
mit dem Winde singen,
oder in des Tones Dunkelheit
das Helle malen für die Nacht.

Winterzeit

Immer schneller wenden sich die Tage.
Heut weiß ich mein Lachen
und morgen ist es das Gold
des frostklaren Himmels,
eine Zeile Licht meiner Traurigkeit,
die Dein Name mir bringt.

Im Regen des göttlichen Gespräches
mischt sich der Hagel des Zweifels
und will den Trost zerschlagen,
der zarte Blüten trieb
im noch zageren Ruf eines Vogels,
die lichtscheuen Tage durchfliegend

All unser Tun ist nur ein Fragen.
Unter der Liebe reift jene Armut,
die der Trauer ein Maß gibt
und der Geduld leichte Füße.

Herbstmorgen

Mit seinem glanzgoldenen
Gruß rief der Morgen
die Firste der Häuser
auf zu einem Königreich.
Aus der Geburt seiner Farben
schwang sich ein roter Vogel
in der Eberesche Geäst
und ein grüngoldner
suchte die Birke,
wiegendes Leuchten
auf bewegten Blätterbändern.
Und der, der die Nacht
auf seine Schwingen nahm,
hauchte seinen Atem
in den Himmel.
Da wundert es dich,
dass er so silbern ist?

Abendstunde

Letzte Sonne fällt in mein Sinnen
und Schatten, der von Formen kündet,
die der Wind beweglich macht.
Der Grillen Laut –
auf meinen Pulsen wandernd –
zieht Kreise und findet Mitte
in meinem Warten, das seiner wacht.

Wintermorgen im Nebel

Nebel fällt golden gebrannt
von der Sonne glühend Gesicht,
von eisiger Kälte zu Kristallen
geblasen, verebbt sein sanftes Wogen
glitzernd am Gestade der Erde
langsam verlöschend zu Reif
auf verwaisten Ästen
zu einem Hauch um Halm und Strauch.
Unaufhaltsam strömend nimmt
er der schneebedeckten Erde
den Atem – lautlos.

Und aus tauben Samenkapseln
lockt der Wind sein Lied vom Tod.
Darüber strömt die Stille
in des Himmels Wölbung
und diese, übermäßig vollgesogen
schenkt sie zurück
an den Horizonten nieder gleitend,
schenkt – und gibt das Sein.

Bedrohte Welt

Ich hab` mich vor des Herzens Tür gesetzt
und in die Welt geschaut.
Da hat sich die Welt in mein Herz gesetzt
und sich nicht mehr rausgetraut,
als sie sich so vor Augen sah
mit all dem Schrecken und dem Grauen,
das die Menschen reingetragen
und die Erinnerung getötet haben,
dass sie nur als Gast geladen
zu dem Mahl der Erdengaben,
und dass sie nichts in Händen haben,
was nicht der Erdenschoß
seit Ewigkeiten in sich trägt.

Angeketteter Hund auf Kreta

Im langgezogenen Schrei
verblutet seine Sehnsucht.
Die Kraft seines Geschaffenseins
ohne Widerhall im menschlichen Ohr.
Die Anmut seiner Bewegungen
bleibt seinen Gliedern verwehrt.
Der das Fell streichelnde Wind
inszeniert das Trugbild von Weite,
das den nächsten Schrei
aus seiner Kehle lockt,
ein einziges Dacapo.

Des Katers Vogelbeute

Wie eine Blume hat er dich gepflückt,
ein kurzes Flattern in meiner Hand.
Es traf mich noch ein letzter Blick
bevor dein Köpfchen vornüber sank.
Was blieb, am Finger ein Tropfen warmen Blutes
und im Herzen tiefe uralte Trauer.

Staunen

Mein wandernder Blick streift die Dinge,
die im Begreifen wieder entgleiten.
Er vermählt sich mit dem Baum,
verfängt sich im Geäst,
steigt mit dem Saftstrom der Pflanzen,
schlüpft in den Tanzkörper der Katze,
läuft auf den Spiralen des Lichts
in die Sehnsucht, die kein Haus hat,
nur sich selbst, eine unruhige Flamme,
lodernd in den Duftwellen blühender Wiesen,
die sich sorglos in den Himmel träumen,
ruhend im Zentrum seiner Pupille,
Welt empfangender und
Welt ausschleudernder Urgrund.

III

Natur/Jahreszeiten

Herbst

Mit deinen Früchten
hängst du mir im Sinn,
mit den schwarzen Augen
der Holunderbeeren.

Die nackte Erde reift
dem Sturm entgegen.
Ihr brauner Bogen
spannt sich im Verzicht
auf Saat und holt
auf sanften Hügeln
Weite ein.

Rotgelbes Proben
deiner Farben
am jugendlichen Ahorn;
er gibt sich freudig
singend hin.

Herbst

Die Augenblicke, Schalen,
in die du Früchte sammelst
für die Zeit der langen Bilderschatten,
wo die Bewegung nur nach innen geht
und im Innehalten neu entsteht.

Wo der Wind ein letztes Blatt noch dreht
bis es loslässt und im Fallen
noch eine Weile schwebt
und eh` es noch das neue Sein begreift,
hat es die Erde schon erreicht.

Abend

Das Land ist still.
Es schmiegt sich in den Abend.
Der Himmel hält das Licht,
das am Tage in ihn aufgestiegen,
in seinen Armen lange noch
und sein träumend Auge
blickt silbern auf die dunkle Erde.
Das Land ist still,
es gräbt zum Schlaf sich in die Nacht.

Mittag

Taumelnde Bienen,
ihrem Blütenhunger hingegeben
weben ihre Flugbahnen
auf traumblauen Grund
des Himmels Mittagsauge.
Urklang der Zikaden wie
ein pochendes Herz,
im Dunkel seiner Pupille,
die sich weitet mit
jedem Pulsschlag zum Schoß
des Universums,
um sich tausendfach
selbst zu gebären.

König der Lüfte

Die Neugier lockender Adler
mit seiner den Horizont
streifenden Schwinge,
Lichtsprache am Saum
der aufsteigenden Nacht.
Mein Auge folgt seinem Flug
wie er, von Duft und Wind getragen
im Gleitstrom ruhend steht
und im stetigen Wenden
zwischen Fallen und Steigen
die angstfreie Reise lebt.

Herbsttag

Ins All gehauchte Bläue,
hineingesäte Vogelflüge,
wattig zerzupfte weiße Wolken,
-Gottes verworfene Ideen-
wie ein hermelinbesetzter Himmel
unter dem ich liege,
eine aus dem Paradies Gefallene,
aber glücklich.

Meisenruf

Die Jahre träumen sich
durch meine Eingeweide,
Perlen zeugend in den
Muscheln der Erinnerung.
So auch der unentwegte
Schrei der Meise,
der mit der Sonne
glühend` Funkelregen
in die Wiege der
Atome fällt,
in ihr genetisches
Gedächtnis
wie ein Fossil
aus uralten Zeiten.

Verregneter Frühling

An den verheißungsvollen Rand
ihres Erblühens stoßende Knospen
verwahrten ihr schwebendes Weiß
im unzeitigen Regen,
ihr Geheimnis auszutragen
in die Frucht nach
monddurchwachten Nächten
und bildverhaftet unter von Sonne
geweiteten Tagen.
Weiß ich mich in dieser Stille,
so spiegelt ihre Quelle mein Bild,
ihre Mündungen überdauernd.

Herbststürme

Und die Flure jagen endlos
und die Horizonte,
deren Glut die Stürme schüren,
fürchten ihre Wucht.

Und die Bäume stemmen
ihre dunklen Leiber
gegen diesen grünen Strom,
der gegen dunklen Traum
der Erde schnellt.

Und mit starren Kronennestern
greifen sie zum Licht,
das in Wolkenkratern
heimlich nach innen brennt.

Wolken

Vögel säen ihre Körper
in den Himmel.
Seine wandernden Wolken
haben keine Zeit
für ein Fenster voll Sonne
auf meiner Wand,
daran mein Blick hängt.
In wie viel Grau muss er gehen,
wenn das Licht sich wieder
hinter Wolken spart.

Der Mond

Da sinkt er glühend rot
in den Liebestod
der Nacht –

Da ist der Nebel aufgewacht.
Mit weißlichem Gesang
steigt er ihm heimlich nach.

Die Erde ist sein Tod,
die ihn verwahrt
bis zur nächsten Nacht.

Roter Busch im Herbst

Anmut der Weiden
weicht für ein Rot,
das vorwärts brennt –
sich drehender Busch
im Wirbel des Windes,
der sein Rascheln –
die unsichtbare Säule
vergangener Tage –
in den Kreisel
seines Feuers drängt.

Vergebliches Wenden
zum weichenden Ufer
des Sees.
Unter sonnigem Licht
stürmt er in des Wassers
Spiegel, den roten Schatz
seiner Blätter zitternd
zu verschenken.

Sonne zwischen Regenschauern

Erde, lichtbeschenkt zündet
die Feuer ihrer Blüten,
tropfige Flammen an ihren Lippen,
Abschied des Regens.

In blumiger Mitte
der dampfenden Erde
ruht dein Fuß
dem Tanz versprochen
und Auge in Auge
mit ihren Weisungen.

Erde, Wagen der Sonne,
Ernte tragend –
Blüten und Licht.

Sommerabend

Einzige Sonne war der Tag,
Wald und Stadt schwärzen
abendliches Gold des Himmels
wie eine Münze, die der Tag geprägt.

Zärtliches Gebet des Windes
um das Haus der Ährengaben,
einzige Beschwernis der Felder
und Wohnstatt herabsinkender Dunkelheit.

Aufziehendes Gewitter

Schwül löst sich der Tag
vom blauen Himmel,
hinterlässt eine Wunde
dunkler Wolken
von den Blumen gleißender
Blitze durchzogen,
die unter Donnern erlöschen.

Hahnenfuß durchglühte Wiese
verspricht ihr Gelb
dem finsteren Himmel
und dem kommenden Licht.

Herbst

Das Rot und Gold des Sommers
steht jetzt in den Blättern still.
Der Moder steigt
wie Nebel aus den Farben.
Ehe sie verbleichen
verschenken Wasser zitternd
sie an ihren Grund –
farbig schwebende Reise
durch dunkelndes Gemüt
zum Herzen hin.

Noch einmal will auf
sommeraltes Grün des Waldes
das neue Rot und Gold
ein Lächeln finden –
erst ein himmelnahes Heben,
dann ein Fallen, weltenlang
Bild um Bild, bis der Wald
die laubbedeckte Erde
in seine wintermüden Arme zieht.
Dann wandert er ins Fernengrau –
ein erloschener Stern.

Landschaft auf Kreta

Die Bäume rennen den Berg hinauf
und setzen sich zum Esel und
schütteln ihre Windgeschichten aus den Zweigen.
Die Zeit schwebt und tanzt mit meinem Geist,
verschwindet in des Tales Bildern
und taucht am Abend wieder auf.
Am zarten Saum der Dämmerung
findet sie die Grenze und ihr ewiges Verrinnen.

Kirchturmhahn

Goldener Hahn schießt flammende
Pfeile von metallenem Gefieder
in des Himmels wehrlos weichendes Blau,
darinnen eine weiße Wolke
in der Eile zergeht.
Weine nicht, zur Stunde des Windes
kehrt sie wieder
dunkel geballt und abgewendet
von Wasser und Tau,
weiß sie nicht, woher sie kam.

Sommerabend

Die Sonne hat ihren Mohn gefunden,
der zwischen den Ähren betörend tanzt
und ist nun selbst ganz rot versunken
in einem Wolkensee von fahlem Glanz.

Ihr Gold hat sie dem Grannenhaar geschenkt,
das der Wind in sanften Wogen
hin zum Herzen drängt.
Die Königskerzen hat sie grad gezogen

wie Grenadiere, die um Haltung wissen
und die Nacht im Steigen schon
malt auf Skabiosen blassen Blütenkissen
den dunkelblauen Ton.

Und der Mond...

Und der Mond schwankt
groß und leuchtend
so wie ihn Kinder malen
in die letzten Wolkenberge,
die die finsteren Mienen von
Gebirgskolossen wagen
vor einem Himmel,
der über sein Gefährt,
die Erde, seine Plane
klar geregnet spannt
vom letzten Tageslicht
durchflogen; das macht ihn
kühl und grün und weit.-
Darinnen schwankt der Mond,
so wie ihn Kinder malen –
groß und leuchtend.

Sommertag

Duftströme tragen sonnenen Glanz.
Wie sie schwellend gen Mittag ziehen,
fordern sie flimmernde Wiesen zum Tanz,
in denen Kleeblumen ihr Weiß verblühen.

Aus glasklarem Brunnen der Erde
steigt alltäglich der Töne Spiel.
Durch sein schwebendes Gewebe
werde ich der Liebe güldene Fäden ziehen.

Sonne ist sich selbst ewig glühender Tag.
Nach dem mittäglichen Stillestehen
schenkt sie den Dingen Schatten
und ein zweites Entstehen.

Novemberlandschaft

Immer wieder naht das Land
im werbenden Blau,
bäumt sich noch einmal auf
im Grün
und wird reif der hungernden Seele
auf dem Tisch der Sonne
unter dem Jubel des Auges.
Es entfernt sich mit
stürmischen Abschieden,
ist säumig in bunten Wäldern
und schenkt das Fest
des brennenden Busches.
Entfernt sich wieder in
Regenschleiern der Novembertage
und flutet noch einmal
mit fallenden Blättern
gegen die Hoffnung
und setzt den erstarrten Wald
auf sein Grab.

Himmel und Landschaft

Aus deinem Munde kommt ein Wind,
darinnen die Heiligen des Himmels gingen.
Dein Auge lange blauend sinnt,
dein Schweigen auszusingen.

Grüne Saaten steigen in dich ein und aus,
Licht verzitternd.
Straßen schweben mit Weiden
an den Händen und laden Bilder ein,
dem hungrigen Herz gegeben,
Licht erinnernd.

Früher Sommer

Noch nie zuvor solch
glühender Sommer,
zu früh in meinen Händen
rot und gold, Farben der Reife,
die später erst auf Früchten leuchten.
Vor der Inbrunst dieser Farben
verstummen die Vögel,
erbeben die Ähren auf
trockener Erde,
die in der Mittagsglut
um ihren Atem ringt.

Die Liebe von früheren Sommern
hat sich herrlich gekleidet
mit dem eingewebten Schmerz
des Unfassbaren.

Noch nie zuvor erwachte
der Sommer so früh,
wo doch der Mond erst
wenig Wandel durchlief
und die Sonne noch auf
tiefen Kreisen steht,
und dennoch aus tausendfachen
Samen erste zarte Bilder lockt.
So früh ist er reif, dieser Sommer,
wird er nicht alt?

Sonnenfinsternis

Im ewigen Wandern der Sterne
Sonne und Mond
ist mit meisterlicher Hand
eine Bahn gezogen,
die beide aus unendlichen Fernen
aus ihrer Sphäreneinsamkeit
von Angesicht zu Angesicht bewogen.

Wenn beide Bahnen sich berühren
wächst ein dumpfer Ton aus ihrem Schweigen,
der sich in fliehend Kreisen vom Geschehen
drängt
und über Erden Schöpfungsanbeginn verhängt,
wo der Vogellaut und der Bäume Saftstromsteigen
sich im dunklen Kleid des Mondes birgt
und auf Erschaffung wartet,
wenn Mond und Sonne scheiden,
und ihr Licht um ihr Entstehen wirbt.

Am See allein

Die Möwe schweigt im Flug
Silberopfer vor des Himmels Grau.
Das Wasser glatt wie eine
fliehende Einsamkeit.

Kampflose Reihen der Bäume
schreiten in schwarzer Stille.
Die Augen wachsen zu,
in ihren Brauen der Schmerz
verfangen.

IV

Begegnungen

Hunde auf Kreta

To whom it may concern.
Brief eines Fremden.

1. Tag
Die tiefrote Pracht des Klatschmohns
auf der Wiese am Eingang des Dorfes
kommt nicht an gegen das Wimmern
vierer Welpen bewacht von einem Rüden.
Verkehrte Natur? Oder ein Tier mit Erbarmen?

2. Tag
Futternäpfe mit Wasser und Futter
und ein Korb für die Kleinen
vom Gast besorgt.
Der Rüde bekläfft jedes vorbeifahrende Auto ,
dass es rückgängig mache
die Aussetzung und ein zu Hause böte.

3. Tag
Der Gast findet nur den tiefroten
Klatschmohn, der nicht tiefer erröten kann
am Dorfeingang und eine spukhaft unberührte
Wiese,
kein Tier, kein Napf, kein Korb-
der Gast steht verwaist mit Wasser und Futter.

4. Tag

An der munter plätschernden Quelle
tauchen sie unerwartet wieder auf,
die Welpen mit Rüde und Zubehör
mit einem Brief vom Stein beschwert:
"To whom it may concern…
never don`t leave them at our house!"

Der Brief unterhöhlt die Idylle
der unermüdlich sprudelnden Quelle
und der die Welpen herzenden Kinder,
Spielbällen gleich, die am Ende des Spiels
irgendwann irgendwo liegenbleiben.

Der Rüde sucht mit traurigen Augen,
geducktem Kopf und hängender Rute
vergeblich seine Rolle im Spektakel.
Zwei Welpen finden einen Abnehmer.

5.Tag

Der Gast sucht an der Quelle vergeblich
nach Spuren der gestrigen Szene.
Niemand weiß etwas über den Verbleib
des Rüden und der gebliebenen 2 Welpen.
Für Sysiphus lohnt kein Weg zum Orakel,
weil das Absurde keine Weissagung braucht.
To whom it may concern?.

Vergewaltigung/Indien

Die Welt war ohne Atem,
die Sterne standen still.
Des Morgens Aug` gebrochen,
kein Spiegel des Geschehens.

Das Grauen vertrieb die Worte
aus ihres Geistes Haus.
Das Denken blieb verwaist,
die Ohren taub für Klänge.

Versandet ist die Stille
am Ufer deiner Schreie,
davon die Welt so voll!
So verlor sie ihr Gesicht.

Es kam mir vor für immer.
Es gab die Schöpfung nicht
und Gott war tot
und nicht gestorben.

Testpilot

Der Strom deiner
unbewussten Angst
zerfurcht wie ein Delta
dein inneres Land.
Darüber dein Höhenflug
wie ein Raubvogel,
der die eigenen
Reservate plündert.

Deine Todesangst in
Todessehnsucht verwandelt
übst du deine Sturzflüge
und mit jedem,
der dir gelingt,

schwindet deine Furcht
und dein wachsender
Übermut ist Wind für
deinen Aufstieg in Ikarushöhen
und der Wiederkehr
mit verbrannten Flügeln.

Familienerbe oder

Der Obdachlose.

Du warst der Seismograf
ohne eigene Schwingung.
Du warst das Überlaufgefäß
für das Angsterbe der Familie.

Du warst der Lautlose
ohne Stille für dich selbst,
du warst der Abwesende
ohne Heimholung.

Du warst der Nichtbeteiligte
ohne Nähe zu dir selbst.
Du warst der Abgewendete
ohne innere Welt.

Du warst der Großäugige
ohne eigene Augenblicke.
Du warst der Stumme
ohne Sprache für dich selbst.

Nun sinnst Du im Zeitenraum
dem Geschehen hinterher
und aus dem Strom deiner
großen Augen kommt keine Geburt.

Und du fassest nur die Leere und
die Angst vor dieser.
Seit du den Mut fandest die fremden,
dir zugeteilten Welten zu entlassen,

indem die Straße deine Wohnung wurde,
scheint dies die Wahl zu sein:
Missbrauchter Hort entgleister
Geschicke zu bleiben;

oder die Dumpfheit der Leere ertragen
und die eigene Ferne,
diese todesmutige Wüstenwanderung
mit kleinem Wasservorrat
und der unsterblichen Hoffnung,
deine Oase zu finden.

Freie Liebe

Unsere Liebe ist frei, sagtest Du,
sie fällt dir zu, zufällig von mir, heute,
und morgen ist Schicksal,
das eine neue Liebe schickt, vielleicht,
in der du verniemandest
im Glanz ihrer Bewunderung.

Du sagtest weiter über uns:
Es war eine schöne Zeit,
ein wichtiger Moment
und du seist reich geworden.
Du sagtest, die Liebe ist frei,
niemand verletzt niemand.

Und Freunde kann man immer bleiben.
O könnt ich doch sagen:
Niemand verletzt jemand und
jemand war ich, der niemanden verlor.
Was weine ich also, da doch jemand
niemanden verlor?

Geschwisterstreit

Du wirfst den Hass auf den Tisch
wie Öl ins Feuer,
und du wunderst dich,
dass das gegen das Chaos errichtete
kunstvolle Wortgebäude
lodernd niederbrennt.

Dein zudeckendes Lächeln erstarrt
und die Härte deiner Stimme
will der Angst gebieten,
die gleich einem Sunami
die Grundfesten wegfegen könnte,
auf dass die wahren Geschichten

aus ihren Katakomben kriechen,
die von Einsamkeit durch Neid,
so sorgsam jahrelang versteckt
von unentsorgbarer Existenz.
Darüber reden wäre wie Steine
klopfen und das Haus neu bauen.

Briefe der Mutter

Die Worte wurden neu geboren,
als ich deine Briefe las
lange nach deinem Tod,
als wären sie gereift wie guter Wein
oder unter dem Druck der Jahre
zu Edelsteinen kristallisiert.

Wie ein Überfall die Heftigkeit
der Trauer um die verlorene Zeit,
in der die Gewohnheit blind
machte für deine Liebe, ihre Pfeile
im Köcher deiner Worte verwahrt.
Nun treffen sie mitten ins Herz.

Und ich muss meinem Gesicht
noch ein Gesicht geben
und das Abhanden gekommene
einsammeln wie vom Wind
zerstreute Blätter –
die Bedeutung hinkt
dem Sichtbaren hinterher.

Verlorene Wut

Beim Erwachen keine Geburt.
Mit jeder Illusion wächst
der Durst der Enttäuschung
und bindet dem Wagnis
die Hände und das
noch schwache Weinen
kann ihre Fesseln nicht sprengen.

Was ist geschehen
mit der Zwillingsgeburt
Wut und Enttäuschung?
Starb das eine bei
der Geburt des anderen?

Traum von der Mutter

Ich habe mein Leben so weit
hinaus getragen aufs Meer
im brüchigen Schiff meiner Träume,
mich zu retten.
Im Windschatten deiner
vergessenen Wünsche
konnte es nicht Fahrt gewinnen
mit eigenen Segeln.

Im Traum dein Gesicht
mit einem dritten Auge
zwillingshaft beim rechten;
du hieltest es zeitlebens geschlossen,
das dritte der Not und der Trauer,
um dich zu retten.

Ich musste weinen,
da weintest du auch.
Als ich aufsah, warst Du verschwunden
und ich konnte dich fühlen
und die Not und Trauer in mir.
Ich fand mich an meiner Quelle,
endlich, mitten in meinem Leben.

Generationsvermächtnis Krieg:
Sohn an den Vater.

Deine von der Seele
abgeschnittene Trauer und Not
angelandet in deinen Augen
sind emotionale Splittergeschosse,
die mit Lichtgeschwindigkeit
meinen unbewachten kindlichen Schacht
hinunterjagen bis ins Urgestein
der erstarrten Katastrophen
von Krieg, Flucht und Verlust.
Sie rotten sich zusammen wie Wölfe
und überfallen mich in meinen Nächten.

Die wundersame Täuschung,
dass wir vorwärts treiben
und die Eisschollen im Fluss
stille stehen und die Katastrophenstätte
immer gleich entfernt bleibt,
greift hier nicht.

Die Taue zum Leben
haben sich gelockert.
Wer hilft meinen müden
Händen, sie zu festigen.
Jetzt muss ich den Sohn

in mir wohl neu gebären
und zweifach Vater werden,
für mich und für dich.

Deutsches Nachkriegs – Erbe

Die nicht Heimgekehrten
haben unsere Seelen festgehalten
und die Träume der Heimgekehrten
zerschellten an der abgewehrten Schuld
oder blieben ungeboren,
oder sie hängen in den Gedanken
der Kinder und Kindeskinder
wie Fledermäuse zum Nachtflug
verdammt, immer noch.

Die Seelenverschreibung für
ein Wirtschaftswunder
half die Erinnerung zu begraben.
Die Besessenheit auf Pflicht
und Ordnung löschte die Fantasie
für eine eigene neue Welt
und bescherte uns den
Schlussverkauf der Ideale
zu Schleuderpreisen.

Kleine Lohnerhöhungen
ersticken den Protest und
versklaven unsere Energie.
Nun wuchern die Illusionen.
Und die vorgegaukelten Träume

vom schnellen Glück
schießen wie Unkraut
aus unseren Köpfen.

Gegen Elend, Hunger und Betrug
aufgetürmte virtuelle Welten
mit ihrem Versprechen
ewiger Jugend mittels Silikon
und pharmazeutischem Ecstasy.
Von der Gier nach Macht
ausgehölte Hirne, ihre ideologische
Versteinerung primitiver Gedanken
züchten ideologisch versteinerte Massen,
die Menschlichkeit erschlagend.

Wir alle zu Deichgrafen geworden,
die das Lebendige verscharren
als Maskottchen zum Schutz
vor den Fluten der Gefühle.
In unserem Schweigen
entschläft der Mut zur Wahrheit
und das Gewicht der Lüge wächst.

Hinter dem Schutzschirm
des Netzes wuchs unbemerkt
der siebenköpfige Drache,
geboren aus dem Wachstumswahn.

Das aus Gier missachtete Gen
der sieben neuen Köpfe
für einen abgeschlagenen
frisst nun unsere Werte.

Im Märchen gibt es den Helden,
der sich aufmacht zum Kampf,
des Drachen Herz zu treffen.
Unangreifbar der Netz-Drache,
solange wir kein Märchen erfinden,
in dem wir ausziehen
das Fürchten neu zu lernen.

Einsames Kind

Niemand rief dich,
du bliebst namenlos
ohne den Spiegel des Erkennens.
Du setzt deine Schritte
durch den endlosen Raum
unaufhaltsam, ziellos, blicklos,
aber energiegespeist aus der kleinen
triebfedernen Spule deiner Urkraft.

In den Pausen
deines pochenden Herzschlages
liegt die angespannte Ruhe
deines inneren Lauschens:
Dass jemand dich beim Namen riefe
und du eine Bleibe hättest
im Hause deines Namens.

Asthma

Unter ihrem Asthma begrabene Wüste,
Sammlung ungelebter Tage,
wo der gemiedene Berührungsschmerz
die Fremdheit der Dinge brachte
und in die Sackgasse
selbstgemachten Leids führte.

Das in Tätigkeit veräußerte Sein
macht nur noch Schrecken,
der gebannt werden muss und
erstickt im pfeifenden Atemkampf.

Unerwartet

Dein unerkanntes nächtliches
Fallen in die Welt.
Dein Gewahrwerden gebar
ängstliche Zweifel, dich zu tragen.
So weiltest du- geborgen-
länger im Kokonschiffchen
von scharfen Winden unberührt
durch die Jahre segelnd.

Wartendes Werben, zärtliche Blicke,
lockendes Winken –
Blumen auf den Boden,
die deinen Fuß in Versuchung
brachten, ihn zu betreten,
den Kokonkreis durchbrechend
für eine Weile und immer wieder!
Wann für immer?

Wann endet dein traumhaftes
Gleiten durch die Zeit?
Wann lachst du dein Lachen,
wann weinst du dein Weinen?
Dennoch, dein erstaunlich
zielsicherer Kometenlauf
im Spurt deiner Talente,
Farbtöne und Tonfarben findend,
die aus unsichtbarem Füllhorn fallen.

Zweite Geburt

Deine Stirn von Einsamkeit umwölkt,
das seit Generationen gewachsene,
nicht eingelöste Erbe,
das dein Leben auffrisst.

Könnte ich noch einmal
zum Ufer gehen und dich
im Binsenkorb herausfischen
aus dem Fluss des Vergessens

und dich sanft wiegen, hegen
und pflegen bis dein ängstliches
Wimmern ins Lauschen käme
und dein Lächeln Blüten ansetzt
in deinem Einsamkeitsbaum

und Vorübergehende verweilen lässt
die dir Worte schenken,
Samenkörner für deine Sprache –
und du wirst zur Gärtnerin
auf dem geheimnisvollen Grund
deiner dürstenden Seele.

Mutter mit Säugling und zwei Geschwistern

Du schwebst in ihrem Arm mit ihm verwachsen.
Du fällst in die Stille zwischen ihren Herzschlägen
in tiefen Schlaf; geborgen in diesen kleinen
Ewigkeiten
wird deine Ahnung vom Glück geboren.

Ihre Schritte träumt sie von der Mitte ihres
Körpers,
in der du ruhst: So schlüpft der Tanz in deine Füße.
Die Worte, die ihre Lippen verlassen für deine
Brüder,
sind Melodie für deinen Schlaf und ihr Rhythmus

setzt Endlichkeiten im verführerisch Endlosen,
dem du verfallen möchtest in deiner Sehnsucht
nach Glückseligkeit und noch träumst du im
Schutz
ihres Hinwendungskörpers deine Göttlichkeit.

Das kleine Mädchen, der Esel, die Kuh und das Meer

Der Esel

Am Abend lass ich mich vom
Schiff der Dämmerung tragen
und segle selig in des Himmels Glut
und kehre heim in meines Schlafes Hut
und wink Dir zu in Deinen Träumen.
Sag` Franziska, was für ein Tag,
mit Gras und Blumen hab` ich mich gelabt,
die bittre Diestel weckte mein Entzücken,
ich weiß, Du hättest sie lieber für die Vase.

Ich hab` das Maul so voll genommen,
wie mir des Maiens Füllhorn bot.
Davon bin ich nun ganz benommen
und in meinen Augenseen
schwimmt nun der ganze Tag,
so dass ich sie nicht schließen mag,
als wär` es dann um ihn geschehen.

Die Kuh

Bevor Du kamst, da war ich eingeschlafen
und am Verdauen und Wiederkauen.

Dein kleiner Tritt, die Gräser teilend
und aneinander reibend
hat mich dann doch aufgeweckt
und ein bisschen hoch geschreckt,
wusst` ich nicht, dass Du es bist,
die mich so lieb begrüßt.
Morgen will ich mit Dir gehen
und nach Himmelsblumen suchen,
die unerkannt am Wege stehen.

Am Meer

Gedrechselte Muschelhäuser,
von Salz und Sand jahrelang geschönt,
buntschillernde Kiesel vom Wasser
dunkel eingefärbt
rufen nach Deinen kleinen Händen,
und die Blumen haben auch kein Halt gemacht.
Es füllt Dein Herz mit tausend Bilderbänden
und hin und wieder fließen sie vom Pinsel aufs
Papier.

Von der Brandung hoch gewirbelt
hin und her im Sand gezwirbelt,
von den Wellen überrascht,
ausgekühlt und schier ermattet,
liegst Du warm auf meinem Rücken.

Psychotischer Mensch

Dir ist die Sonne näher
als die Hügel, die sie löschen.
Ihr Licht wälzt sich in dir
wie ein Feuerwurm.
Auf deinem Hirn schreibt
glühender Finger
wie auf einer Wand,
und die an den Tischen sitzen,
verstehen nicht.

Wer will deine Tage heben,
die vor dunklen Türen stehen,
das verschlossene Haus
deiner Jahre öffnen,
wer deine Bilder bergen,
die dir im Blute dämmern,
uferlos und zu tief,
deine Sinne zu lösen
für die Freiheit deiner Gedanken,
Samenkörner, die darauf warten
gesät zu werden.

Kinder

Manche blühen unter den Händen
wie bunte Sommerwiesen dahin,
stürmend und wogend.
Die Früchte sind ihren Händen willig
und ihre Rundungen gewohnt.

Manche leben in blassen Kreisen.
In fallenden Jahren ziehen diese
enger werdend sich um bilderarme Mitten
und ihre Augen steigen nur
vom äußeren Rand der Dinge;
sie wissen nicht ihr Innerstes zu wagen.

Wieder andere sind in ihrem Wandeln
wie leuchtendes Gestirn am Himmel
ihres eigenen Ruhens.
Ihre Jahre sind im steten Steigen
in ihrer Verschwiegenheit
göttlichen Bahnen nah.
Sie tragen am Verborgenen
wie Wasser morgendliches Licht.

Soldaten im Krieg
(Vietnam-Kriegsfoto)

Einer schlägt sich die Tage
in den Bauch wie trockenes Brot.
Sie addieren sich mit wachsendem Rest.

Und einer neben vielen
krallt seine verblutende Kraft
in das grasige Fleisch der Erde,
und an ihr Herz jagt sein Schrei –
ein rasendes Geschoss,
letzter Ausbruch in die Unendlichkeit.

Und einer rennt durch den
Wald seiner Einsamkeit
mit der Fackel seines wirren Geistes
und wälzt seine Augen auf den Boden,
vom schmerzblinden Gesicht
nicht geduldet.
Die davor geschlagenen
Hände sind einzige Worte,
die er mit sich redet.

Und einer erschlagen vom Leid
spürt den Tod nicht mehr
und reiht seine Glieder an ein Lachen,
dieser Tanz auf den leer gebrannten
Flächen seiner schmerztoten Seele.

Und dies alles weniger lang
als ein Atemzug und dessen
gehauchte Blume auf dem Fenster,
die wächst und schwindet.

Kleines Kind

Die kleinen Trippelschritte,
das Weinen, das Lachen,
das unbeholfene Wanken
des in die Gene
eingebrannten Vertrauens,
einen Halt, einen Ort
im Leben zu finden,
die Liebe zu bestellen.

Dein tanzendes Lächeln,
das Formen deiner
kleinen Hände begleitend.
Erstes Betasten der Welt,
dem Greifen machtvolles folgt.

Die Erfahrbarkeit der Dinge
lehrt dich das Zweifeln
an der Beständigkeit
und treibt dich in den
Glauben an die Wiederkehr
und in die Hoffnung auf Liebe,
gerüstet für die Gletschertiefen
des Lebens.

Geteilter Schmerz

In deinem Blick haust
dein Schrei, ein Eindringling
wider Willen aus früheren Zeiten.
Im Spiegel meiner Augen
erkennst du seine Wucht
und fliegst mir in die Arme
wie ein Vogel ins schützende Nest.
In diesen Momenten
hast du mich festgenagelt
ins irdische Sein,
eingebrannt, ein Siegel,
das der Tod erst aufbricht
und mich aus der Erde reißt-
und ein Stück aus ihr,,
das ihr dann fehlt.

V

Gebete

I

Ich steh vor Dir

Ich steh vor Dir, Gott
wie vor einem mächtigen Baum.
Darinnen hängt mein Denken
Früchte auf am Tag
und erntet in der Nacht
aus seiner Dunkelheit den Traum.

Und des Gemütes weiße Arme
heben sich im Ruf nach Dir, Gott,
über der Seele Freud und Weh
und schweben klein
vor Deinem großen grünen Lächeln.

II

In uns stell die Sonnenuhren ein

In uns stell die Sonnenuhren ein
und ihre Stille,
dass unser gepeinigt Herz
die Zeit vergisst
beim Weinen.
Augenblicke des Erwachens
unserer Wünsche, ein Rudel
heulender Wölfe in uns
für immer unzähmbar,
einzige Augenblicke des Bestehens?
Die Zifferblätter der Einsamkeit
verwittern nicht.

III

Lob der Schöpfung.

Ich wollte den Tag ins Unendliche dehnen
wie einen wachsenden Teppich
und der Menschen Lachen darin golden verweben
und ihn Dir, Gott, zu Füßen legen.

Und all der Kreaturen Tränen
in seinen goldenen Grund
wie tausend Rosen tupfen,
um die der Vogelruf sich schützend rankt.

Und das stumme Vieh malt seine Laute
erdfarben als Untergrund.
Der grünblaue Atem des Meeres
haucht Girlanden seines Getiers in sein Gewebe.

Die heilige Prozession der Berge
ziert das Dekor mit nebelblauem Samt.
Im Bordürenmeander versteckte Knoten der Zeit
und in ihrer Wiederkehr die Ewigkeit.

Ihr eingehauchter Atem
lässt den Geist erwachen
und mit ihm die Schaffensunruh,
die die Endlichkeit nicht kennt.

Ein eingeschlichener Webfehler, Herr,
in Deinem Schöpfungsteppich?

IV

Was würdest Du tun, Gott?

Was würdest du tun, Gott
wenn ich sterbe?
Wenn ich ein Baum wäre
mit tausend Jahren tiefen Wurzeln,
könnte ich Dir entgehen?
Wie würdest Du mich nehmen
im letzten Augenblick,
im Sturm, im Orkan?

Und werden Deine Ohren taub
von den Schreien der
tausendfach verzweigten Wurzeln,
wenn Du sie aus dem
Herzen der Erde reißt?

Wär ich ein irdenes Gefäß
aus minoischen Palästen,
würdest Du es zerbersten lassen,
zuvor von schöpferischer
Hand heil geborgen?

Würd` ich unentdeckt von Dir
im Flötenton verklingen-
im Celloton, im Orgelton,
im Ton der Posaune,
könnt ich ewig auferstehen.

Wär` ich eine Welle,
die im Entstehen schon vergeht
und im Vergehen neu entsteht
wär` mir kein Sterben nah
und ich liefe Dir davon.

Auf der Mittagsstille Gipfel
könnt` ich für immer weilen,
den Morgen noch zu Füßen
und den Abend zu Häupten,

wenn auch als ein Versprechen,
das sich nicht einlöst-
eine unerreichbare Insel,
zu der kein Boot übersetzt.

Lass mich ein Erzengel sein,
die stürzt Du nur,
du lässt sie nicht sterben.

Wär ich die Stille selbst,
das Dich umgebende Schweigen,
ewige Wanderschaft wär` mir gewiss
im Herzschlag des
von Dir Geschaffenen.

Ich kann nicht glauben,
dass meine kleine Welt
vor Deinen Schöpferaugen
dem Tod zum Opfer fällt.
Die durch den Tod gesetzte
Einsamkeit bleibt als
mein innerstes Gewand.

V

Gott, mein Gott

Gott, mein Gott, warum hast
du mich verlassen?
Mit der Erschaffung der Welt kam
die Endlichkeit, die mich erschlägt,
wenn sie das Geflecht
emsigen Tuns durchbricht.

Ich kann Dich nicht nicht denken,
weil ich dann unendlich einsam bin.
Rückblickend orte ich Irrtumshürden,
die janusköpfig von vorne
Wahrheit versprachen.
Jetzt blickt es mich an,
das dritte Auge der Sterblichkeit
aus allen Wesen, die Du geschaffen.

Meine Sehnsucht, heilige Nähe zum Leben,
gaukelte Unsterblichkeit vor.
Einbrechende Dunkelheit des Vergänglichen
lähmt meinen Geist,
Ewigkeitssprenkel im Fluss der Zeit
verweigern sich meinem Zugriff.
Wo bist Du, Gott, und warum antwortest Du nicht?
Meine Verzweiflung, ein Sturm,
in dem ich umkomme!

Und Du gebietest keinen Einhalt.
Als Kind weckten Blumen mein Entzücken
die Vögel trugen mein Jauchzen
auf ihren Flügeln ins Unendliche,
die Sterne machten mit meiner
Sehnsucht mich vertraut.
Deine Welt hielt Einzug in Geist
und Eingeweide und feierte
ihre Erschaffung in meiner Seele
und entlockte meinem Kind die Liebe.
Mit der Liebe dieses einfältigen Kindes
warst Du nicht zufrieden.

Das Zeitvergehen, eingebaute
Unruhe in Deinem Werk,
hast Du sich selbst überlassen.
Du weißt nicht die Stunde meines Todes,
die das Tier der Angst in den
Nischen meiner Gedankenlosigkeit
hat wachsen lassen und nun gnadenlos
an den Wurzeln meiner Hoffnung nagt.

Dennoch - ich will im Zentrum
deiner Achse bleiben
und nie vergehen und dass
du mich sterblich liebst,
will ich nicht verstehen.
Ich lebe vielleicht noch ein Lied lang.
Und ich weiß um seine Strophen nicht.

VI

Ich laufe gegen die Pforten

Ich laufe gegen die Pforten
der Endlichkeit,
dich zu sprechen, Herr,
schlage gegen die Säulen
meiner schuldgehäuften Tage,
deren Gargoyl ich bin,
dich zu sprechen, Herr,
hier im grauen Gesicht des Steins,
im Gedröhn seines Sturzes,
das in seinen Furchen wartet,
lauerndes Nichts, das Risse setzt.

Ich schreie in diese vernarbte Zeit,
darinnen ich Stimme habe.
Denn Du, Herr, schicktest Winde
des Vergänglichen durchs Gebirge
und das Echo meiner Stimme
baut vergeblich am Turm der Ewigkeit.

Und Du, Herr, hörst meine Stimme
und setzest ihr Deine Werke,
an denen sie sich empor rankt wie Weinlaub,
gibst meinem Seufzen einen Schemel,
darauf er ruht zur Rechten Deines Ohres.

Und ich laufe in Dein Schweigen,
in den Abend meiner Unzulänglichkeit,
in den Morgen Deiner Liebe,
in den Tag meines Lebens
in den Abend meiner Unzulänglichkeit
und wieder in Dein Schweigen -
und Du, Herr, hörst mit dem
Ohr Deines Schweigens.

VII

Dein Abendrot

Dein Abendrot
brenn mir die Wünsche tot.
Dein Abendrot ist ihrer Asche Glut,
dazwischen leuchtendes Sturmfeld
deiner Nacht.
Meiner Trauer irrlichtener Flug,
zerfallender Duftkörper
aus Erde und Korn auf
zärtlichen Stößen des Windes -
die Geräusche in ihren Stillen
durchbrechend falle ich in die
Arme Licht nährender Gewässer.

VIII

Wie tief, Herr

Wie tief, Herr, ist Dein Schacht in mir?
Heute steigt Dein Wille auf in mir
wie ein Berg, darinnen Deine
Schätze heimlich beben.
Doch der Tag dunkelt, ehe er
die Wahrheit kennt
und Unglaube stößt sich eine Wunde,
die nicht schmerzt.
Und morgen ist Deine Tiefe
ausgefüllt mit den abgetragenen
Hügeln meiner Blindheit
und mein müder Fuß spürt nur die Fläche.
Aber mein Herz, Herr, mein Herz!

IX

Meine Tiefen

Meine Tiefen hast Du angeschüttet
mit Schweigen, Herr,
darinnen keines Wortes Welle,
keines Wunsches Laut.
Meiner Trauer Seufzen
- Feuerzungen Deines kommenden Geistes -
pflanzt lange Alleen ins Land,
die Deiner Stürme warten.
Ein Wort nur, Herr,
dass eine Wunde setzte,
die kühlen Nächte ersehnend,
und unter der Sonne brennend
ein neues Maß des Lebens findet.

X

Dieser mein Tod

Dieser mein Tod,
Sehnsucht nach dem Leben,
dieses mein Leben,
Sehnsucht nach dem Tod;
wie denn, Herr, soll ich es tragen,
wenn nicht als Eines
und dies mit überläufigen Schmerzen.

XI

Herr, Deine Himmel

Herr,
deine Himmel fallen brennend ein
und Pappeln wachsen in Ihre Glut
und in meine Ekstase - Fest des Geistes -
gemalt mit der Unfehlbarkeit
deiner Hand.

XII

Ich kann es nicht tragen, Herr

Ich kann es nicht tragen, Herr,
dieses dunstig schwellende Blau
am Himmelsrand,
seine pupillene Klarheit und Tiefe,
dieses windgetriebene Licht
bei seiner Niederkunft
auf hellen Birkenblättern,
dieses Schlagen der Weidenzweige
gegen mein blindes Herz,
diese zärtliche Lohe am Abend.

Den ganzen Tag trifft mich
verhaltene Schönheit,
und immer wieder schwinden
ihre Wasser auf
den saugenden Flächen
meiner erloschenen Augen.
Wann, Herr, lösest Du meine Fesseln?

XIII

O Herr, seit Du

O Herr,
seit Du mich in jene Räume führtest,
die immer heller werdend im
Lichte ihrer Stille ineinander gehen
und im Entschwinden sichtbar werden,
fallenden Sternen gleich;
seitdem Du mich in jene Räume führtest,
denk ich in Bildern Dich;
auf ihrer Schwelle fließt schwer
mein Atem nieder
und staut zu Seufzern sich,
darinnen Deine Namen brennen.

Und die Räume, die sich
aus Einsamkeiten lösen,
trag ich mit mir fort.
So kam es, dass ich sah
und erblindet ging.
Aus der Gebeugtheit
meines Lauschens
wachsen nun die Lieder.

XIV

Ausgebleicht

Ausgebleicht sind meine Sinne,
Herr, bevor ich lebte,
müde lief sich mein Auge
im Kreise des Zerfalls,
taub mein Ohr, so oft
vom Schlag der Zeit erschüttert,
erschlafft mein Gesicht,
vom Lachen nicht geglättet,
leblos meine Seele, Herr,
da ihr der Zustrom meiner
Sinne fehlt aus Deiner Welt.
Schenk Rettung, Herr!

XV

So wie am Tage

So wie am Tage die Sonne
meinen Schatten wachsen lässt,
der um mich kreisend
wieder kleiner wird
und in mir stille steht
für eine Weile
und wieder aus mir flieht
wie eine Flamme vom
Wind getrieben
und mein Leben
doppelläufig macht,
so lass um mich den Schatten
deiner Gnade sein und
deine Gegenwart in mir
Gewissheit werden.

XVI

Ich möchte wohl manchmal

Ich möchte wohl manchmal im
Klang Deiner Glocke wohnen,
der auf den Dächern niedergeht,
in seinem Schwingen die Mauern
der alten Stadt durchbeben,
die Firste ihrer Häuser mit
seinem Ton umwerben, ihr Gesicht
erweckend, das im Arm
des Jahrhunderts verwittert.

Dann möchte ich mich
zu Deinen Füßen niederlassen,
vom warmen Wind
deines Feuers geheiligt
und einmal vor Deinen Augen
mein Schicksal durchatmen
wie den Raum einer Muschel.

XVII

Wenn längst

Wenn längst um mein Gebein
die Erde freit
mit ihrem hochzeitlichen Zug
funkelnden Gesteins,
mit jenem gestirnten Himmel
voller Leiber in der Erde
mit winzigen Lebewesen,
die sich um das Tote mühen,
ihm das Gesicht zu nehmen,
unaufhaltsam und naturgesetzlich
und seine Augen öffnen,
unzählige Augen reichen Geschehens. -

Wenn längst das Fleisch der Tage
sich unverweslich auf mich
niederlässt,
und wenn Du, Gott,
den Frühling weihst
und mit einem gütigen
Lächeln
in den Wirbel jugendlicher
Winde greifst,
sie nach der Freiheit
der Ebenen
an Städte zu gewöhnen -

dann lass mich, in dem,
was ich noch bin
neben dem Gebein -
wenn selbst das vom Tod
zum Leben schreitet
wie die Nacht zum Tag
und Tod und Leben
mit einander reden -
lass mich darin, dass
du mich liebst,
in Deinen heiligen Winden wohnen,
die der Weiden gelben Ruten
zu Schleiern wiegen
und lass mich in einer
ersten warmen Nacht
Knospen in einen
sternenlosen Himmel tragen.

XVIII

Die Kühle des Morgens

Die Kühle des Morgens lass mich
nicht schrecken, Herr,
seine Fülle meine Sinne
nicht mit Dumpfheit schlagen,
auf dass der Nebel aus dem
Tale meiner Tränen steige.

Denn des Morgens Nähe
zur Nacht
ist die Tür, die in den Angeln
des Traumes schwingt.
So ist schwer des Morgens Fuß,
seine Hände mit Geschicken angefüllt.
Die Undeutbarkeit seiner Gesichte
wirft Starrheit über meine Glieder
wie ein Totentuch.

Darum baue aus den Strahlen
der Sonne
und aus den von ihr gezeugten
Bildern von der Erde
eine Leiter, Herr,
auf deren Stufen Deine
Erlösung zu mir kommt
und ich zu ihr.

IXX

Eines Tages

Eines Tages, wenn kein Anderes
mehr sein wird,
wenn das Licht eines Sternes,
dass sich in ungezählten Jahren
den Weg zur Erde tastet,

und das Leuchten einer Blume,
das im Geiste endet wie
am Anfang eines neuen Seins,

wenn der zeitgewetzte runde Stein,
der die Hand zum Greifen fordert,
ihn zu wägen,

und das sonnenglutige Metall,
von dem der Lichtstrahl
wie ein Fächer springt,
wenn alle mir vom Gleichen künden,
von Einheit, die sich die Vielfalt
zur Gestalt erwarb,

wenn über alles jene zarte Lied
sich hebt, das Wehen Deines Geistes
aus Staub weht zu Staub hin,
wenn auch von meinen Lippen

jenes Lied aufbricht,
das seit der Morgenröte
sich vor ihren Toren staut,

wenn eines Tages kein Anderes
sein wird,
dann bin ich eingeschleust
in jene Bahn, die das All durchzieht,
deren Linie jedwedes Ding bewohnt
und sein Innen ist
und als gebrannte Form sein Außen
von innen heimlich treibt,
so wie der Atem die Form
des Glases bläst, –

was bin ich anders dann
als in den Dingen
und in Dir,
was bin ich anders dann
als in der Liebe.

VI

Alter

Erinnerung

Wurzeltiefe Wehmut,
Hüter der Erinnerungen
sprengt den innersten Kreis,
herznah,
entreißt dem Vergessen
die Bilder vergangener Jahre
und sie fallen wie die vom Wind
über den Asphalt getriebenen Blätter
mit Gelächter in meinen alten Rücken.

Ich bin so oft vergangen
in den Jahren,
hab mich so oft vergangen
an den Jahren
mit dem Leugnungserbe
vergangener Generationen
mit den großen Schritten
jugendlicher Kraft
ist er immer kleiner geworden
der Mut, unmerklich.
Wird er mit den kleinen Schritten
meiner alten Füße wieder größer?

Dreh` ich mich um,
bin ich dann Orpheus,
der Eurydike verliert?
Oder Seth, die zur Salzsäule erstarrt
beim Anblick von Sodom und Gomorra?
Oder bin ich die Herberge
meiner Vergangenheit.

Lebensabend

Dein Irren durch die Tage,
so lautlos durch die Stunden,
den gezielten Schritt verloren
an die Angst
vor der bemessenen Zeit.

Was willst du richten
ohne Richtung für den Tag?
Seit die Arbeit dem Denken
und den Händen entrissen,
finden sie nur Unwegsamkeiten
und die Ungebührlichkeit
eines schambesetzten Nacktseins.

Du musst dich nicht mehr
neu erfinden,
nur noch den Tag,
der unlesbar vor dir liegt
wie eine schwer zu öffnende Muschel.
Die Wiederholbarkeit entpuppt
sich als Schein.
Angesichts wachsender Gebrechlichkeit
bleibt das Erzählbare ohne Zukunft.

Die eingebrannte Einsamkeit,
dieses wilde Tier in dir,
das nun dich selbst anfällt.
Diese Hand voll Licht und Zeit,
die noch bleibt und den täglichen
Wiederholungen des Banalen trotzt,
geadelt durch ein unausweichlich
letztes Mal.

60 Jahre

Sechzig Jahre als schreitende Alleen
zu deinem inneren Haus,
die Herberge von Geschichten und Geschichte,
wir sollten sie uns hin und wieder erzählen.
Die Seen der Kindheit liegen in weiter Ferne.
Zeitgeraffte Erlebnisbilder
hängen an ausgeleierten Fäden.
Eingerollte Blätter vom Winde verweht
auf den Ruf der Zukunft wartend
und auf die Wiedergeburt in neuen Farben.

Alter

Das Alter ist neben mir hergelaufen
all die Jahre unbemerkt.
Nun ist es in mich eingekehrt
für all die kommenden Jahre,
gegen keine Währung einzutauschen.
Und in jedem Spiegel schaut es mich
aus meinen Augen an.
Und gibt sich als Herr im Hause,
vertreibt mich, die ich mich dachte,
wie ich sei und macht mich zum Gast
und ist sich selbstverständlicher
als ich es mir jemals war.

Der letzte Schritt nach vorn

Die zum Teleskop
geschichteten Jahre
und du selbst in Fernen gerückt
wie der Mann im Mond,
den du als Kind schon
gern erlöst hättest
von seiner einsam kalten Wanderschaft.

Der letzte Schritt nach vorn,
deine kaleidoskopisch
zerspringende Welt im Rücken,
tausend Splitter in
abertausend Zellen deines Körpers
um Erkenntnis ringend
und im Schmerz des Abschieds endend.

Wäre da doch des Vogels
rettender Schrei
als die kleine Drehung,
die die Splitter wieder zu Bildern fügt,
Wohnstatt meiner Gedanken und Gefühle.

Rückblick

Dem Dienen warst Du treu,
nicht dir.
Auf den Wogen der Erfordernisse
und des Verzichts
bist du fortgetrieben.
Nun bist du alt, nicht weise,
nun bist du alt, nicht schön.

Deine Trauer sitzt im Gefängnis
deiner hilflos fuchtelnden Gesten,
deines zu lauten Lachens.
Dein ewiger Kampf zu sein
hat der müden Trauer die Tür geöffnet.
Nun bist du alt, nicht weise,
nun bist du alt, nicht schön.

Verzweifelt suchst du nach der Würde
im angeschwemmten Strandgut der Jahre,
nach schönen Muscheln,
die Perlen bergen könnten.
Die Hinterlassenschaft eingebrannter
Muster deines Handelns ist die Wüste,
der du zu entfliehen suchst.
Nun bist du alt, nicht weise,
nun bist du alt nicht schön.

Vom Sturm des Schreckens
losgerissene Taue,
die die Segel deiner Gewohnheit strafften,
lassen dich einer Nussschale gleich
tanzen auf den Wogen uralten
Zorns deines Abgrund - Ichs,
dein Es - Geplänkel fiel im
Überich - Gefecht,
flügelloser Vogel nun.
Nun bist du alt, nicht weise,
nun bist du alt, nicht schön.

Wer sich ins Auge des Taifuns
begibt um der Ruhe willen,
weiß nicht, wann er ihn ausspuckt
in den Wirbel der Verwirrung.
Einzige Rettung: Deinen Walfischbauch
rechtzeitig zu finden
und mit dem Wind der Wahrheit
ans Land der Ungewissheit
der zugemessenen Jahre geschwemmt,
könnte dein Lächeln siegreich
durch das Tor der Tränen treten
beim letzten Uferwechsel.-

Und im Verborgenen winkt lächelnd
ein Kind zum Abschied, im Spiegel
seiner Augen eine alte, schöne Frau.

Zeit

Das Denken erschafft die Zeit,
in ihrem Fluss erfindet sich das Denken.
An seinem Ufer weidet
der unersättliche zeitgierige Wolf in mir.
Sich in den Fängen meines Alters
windend, weiß er nicht, wie ihm geschieht.

Er bewegt sich im Rhythmus
vorgeburtlicher Wortklänge
mit dem Blick nie endender Neugier,
die nur sich, nicht Anfang und Ende kennt,
besticht er das Leben gegen den Tod.

Denken gegen die Zeit

Dein Denken ein Adlerflug,
scharfes sichtendes Auge
für die Dinge des Lebens,
auf dem Lavastrom der Jahre
als Bilderfontänen ausgespuckt.

Ruheloser Herzschlag, seit du,
bevor der letzte Abschied kommt
und mit ihm der Schmerz,
das Gewohnte verlassen hast
um des Höhenfluges willen,
Göttliches zu erreichen.

Und aus deiner innersten Hülle
fällt dein Kind heraus
und liegt sich selbst zu Füßen
allein mit deinen Angstgewichten
und weiß sie nicht zu heben.
War doch Unschuld der Beginn
seines Herzschlages.

Der verheißungsvolle
Gleitflug in die Zukunft
erschien ihm unendlich.
Es weiß nichts vom Sterben.
In seinen Zellen der Ruf
nach der ewigen Mutter
in Liebe unsterblich vereint.

Alter Mensch

I

Und er schiebt seinen Stuhl ans Licht,
an die Zeit
und horcht, ob jemand ruft.
Und unter verschränkten Armen
erschüttert das Herz,
und seine Füße stehen still
dicht vor Regen und Wind,
vor der sich drehenden Erde.

Und was er weiter sah
als die anderen,
dass die Bäume in den Himmel wachsen
und mit dem Licht kämpfen,
und dass das Leid keine Farbe hat,
es hat an eigenen zu viel.

II

Seine Geschichte rundet sich über
Kinderbeine wie ein gebirgiger Mond
und will balanciert werden.
Wenn seine Schwere ihn zur Erde
niederzwang, das Lichtvergessene
ans Herz zu heben, Schrittmacher
seiner Schläge, sah er aus den Tränen

den Baum der Wahrheit wachsen.
Und er schlief und wachte lange
in seinem Schatten,
und seine Augen wanderten
auf der Straße des Schauens.

III

Das, was er weiter noch sah,
was weiter noch blühte unter
seinen erdgriffigen Händen,
war einsame Ernte auf der
täglichen Schachtfahrt zur Wahrheit,
war dieser doppelte Weg:
Die Frage an sich selbst,
die Frage zurück an die anderen.
Das, was er weiter sah,
gaben sie ihm zurück.
Es war nicht währungsgemäß.
Da kam ihn der Schmerz an.

IV

Er schiebt seinen Stuhl an die Zeit.
Seine Augen hängen längst fest
im Licht und die Bilder stehen
still im starren Geäst der Bäume
und schichten sich im Schauen.
Unter verschränkten Armen

erschüttert sein Herz.
Er horcht, horcht in den herbstlichen
Blättern den fahlen Gedanken
seiner Müdigkeit.
Und sein Blut fällt
bis zum Pegel gedankenloser Bilder,
und seine Kraft regnet nieder
auf seine Seele, die sich ausruht
für den Tod.

Herbstalter

Unter dem Trommelfeuer
der vergangenen Jahre
laufe ich dem Wind entgegen
in der Hoffnung auf Leichtigkeit.
Die Sehnsucht nach dem Fremden-
an die Träume verschenkt
und nur hin und wieder ans Leben -
war Triebkraft der Erkundungen
und Pate der Entdeckungen.

Nun ist es still geworden
im Haus der Jahre.
Der Schrei der Kraniche ,
Steuer ihres Flugkörpers,
weckt die Aufbruchsstimmung
in südlichere Länder,
wo jetzt kein Herbst ist
und kein Winter folgt.

Stufen

I

Dieses Alter, eine erreichte Insel
um den Preis des verlorenen
Herzens.
Das Festland der Erinnerungen
ruft nicht mehr,
das Haus der Kindheit vergraut
im Dunst des Horizonts.
Der Tod wird unausweichlich-
und unvorstellbar.

II

Konglomerat von Jahren
herausragende Helix
des vergangenen Lebens,
Schriftzeichen des Geistes,
Bildsuche des Herzens
auf diesem Feld behauener Steine.

Empfindungsweisen
hortende Allee mit
himmelsteigendem Wunsch
nach glücklicher Kindheit
als Fest der Auferstehung.

Das Licht der Gestirne
hatte die Kindheit bewacht.
Nun der späte Aufbruch
in viele Fragen,
der Barmherzigkeit bedürftig.

III
So steh ich, Nacht vor dir
in deiner hohlen Hand,
deinen Schoß verlassend
ganz neu und einfach
als ein Bogen über Vielfalt
weit gespannt, dass,
wenn die Kraft des Pfeils,
der zum Wachstum drängt,
ins All sich bohrt,
er seinen Ursprung grüßt.

So steh ich, Nacht, vor dir
nach vielen Jahren
und streife langsam
Hüll um Hülle von mir ab
und lasse so die Schwachheit
fallen für eine Weile Ewigkeit
und stehe anfangsschwer
in deiner hohlen Hand;
und deine Sterne krönen
meine Stirn und versprechen

Königtum für eine Weile Ewigkeit.
Doch dann sinkt der Mut,
als ob die Freiheit in
den Sternen stünde -
und nur die Sehnsucht
rettet einen Schimmer
mit hinüber in den Tag.

IV

Wo ein Lächeln wie ein Weinen ist,
wo die Seele im Erkennen stirbt
und im Sterben wiederum erkennt,
wo das eine sie an des andern Tiefe
weiterreicht und sie freigibt
an des Friedens süße Weite,
wo im Gewesenen müheloses Wandern
und die Füße dem Gesang der Liebe folgen,
darüber sinken Hände ineinander
gleich Feuerflammen Heiligtümer hütend.

Vergangenes Leben

Durch das Gitter meiner Gedanken
fliegt die Zeit und fällt mir zu Füßen
zu Asche zerstoben.
Lange gelebt und wenig verweilt
hat mein Fuß kaum Spuren gesetzt,
die jemand noch fände
auf dem Weg zum Brunnen,
seinen Durst zu löschen nach Worten,
und seien es nur die des Grußes
begleitet von einem Lächeln.

Fremde Welt

Die Dinge werden immer fremder
und entwinden sich dem Geist,
sie runden sich nicht in den Händen,
ihre Bedeutung ein Feuerwerk
erlöschender Blumen am Himmel.

Und Ascheregen für die Erde,
ihr Gewicht ist federleicht und felsenschwer,
Sternschnuppen gleich verlieren sie ihr Licht
im Sturz durch alterndes Gemüt.

Die Schmerzen fliegen in meine Seele
wie Stare in ihren Baum;
sie folgen ihrem Abflugtraum.
Die Schmerzen gehen eigne Wege.

VII

Lebensphasen und Geschichten

Schöne Stunden

Ein paar schöne Stunden
lassen sich nicht dehnen
auf das Maß von Jahren;
ihre Verlässlichkeit
eine Fata Morgana.

In der Wüste des Lebens,
ausgesetzt dem Warten
auf Regen, der nicht kommt,
weil Verpflichtung allein
keinen Wind macht.

Die Sehnsucht baut
in den Träumen daraus
bunte Gärten mit
dem Duft des Gebärens.

Aufhebung der Zeit

Du willst nicht Morgen,
Abend, Tag und Nacht,
da etwas wird
und mit dem Licht
um seine Stunden läuft
und um sein Bild.

Du hebst die Zeit
wie eine Münze auf,
die ewige Währung hat
im Farbenfeuer der Erschaffung.

Du weilst im Stundenraum,
wo leises Windesnagen
an Brombeerranken das Maß
der Zeit neu erfindet
und in ihrer Wiederkehr
Ewigkeit verspricht.

Das ist der Tag…

Das ist der Tag, der ewig währt,
der den Wind zum Sturm ernährt,
der die Himmelskuppe baut,
der tausend Jahre in sich trägt
und im Gemüt noch lange steht
mit seinem Licht und auf Runen trifft,
Bilderreigen im Gedächtnistempel,
die nur das Herz entziffern kann.
Und für eine Weile Ewigkeit
schweigt der Schmerz der Sterblichkeit,
der diese Runen schrieb.

Sinnsuche

Ist das die Wahrheit,
dass sich die Häuser
im Winter lange Schatten erlaufen,
die wie Fragen auf alles fallen?

Dass aus dem roten Gefieder des Vogels
die blaue Farbe seiner Seele tropft
und er beim Wenden seines
Kopfes Gesicht auffängt?

Dass Sträucher leise ihr Grün
verrieseln im Wind und
tierhaft ins Dunkel weichen,
dass Abende so jäh aufkommen
und hinter zahllosen erleuchteten
Fenstern Schicksale hocken?

Ist das die Wahrheit,
dass meine Seele zersplittert
und wie eines kahlen Baumes Äste
den Horizont abtastet
nach Licht und Bläue
und ein letztes Blatt
im Erdenduft sich dreht?

Dass hoch über meine Seele
der Kopf sich dreht?
Und die Augen sehen viel
und die Seele antwortet nicht
und sucht unter den
farbigen Blättern die fahlen
sich zu vereinen in Kargheit?

Was bleibt, wenn du gehst?

Ebene

Das sanfte Auge der Ebene
lächelt Stille und Licht,
in ihrer Mitte die Talente
eines vielfältigen Windes begraben.
Und arm genug geworden,
stößt sie ihn aus
als Sturm oder flammende Böh,
den brennenden Busch
im erdigen Haar.

Werden

Blumen blühen schneller
als die Wolken jagen,
Rosen roter
als das Feuer brennt.
Das alles, weil die Liebe Fragen
und in den Fragen keine Weile kennt.

Früchte runden eher
als Gedanken fallen.
Tage laufen schneller
als die Winde blasen.

Nächte drängen dunkler
als das Haus erlöschen kann.
Das alles will im Geiste malen
und sammelt sich im Warten an.

Frühlingstag im Winter

Ich steige in den Frühling,
in seine eintägige Winterblume.
Aus seinem traumerhobenen Haupt
weiches Fallen der Erde
mit einem versuchten Grün
vorzeitiger Botschaft,
die ein Meisenschrei weiter trägt
ins ungeübte Herz.

Heute

Heute wirst du ihn reinigen,
den verkrusteten Grund deiner Kindheit.
Heute.
Heute ist die Luft des Frühlings
mitten im Winter.
Heute öffnet sich die Erde
bis auf sein glühend Lavaherz.
Heute.
Heute?

Vergessener Schrei

Mein Leib, letzte Stätte der Dinge,
müde und schwer vom
versunkenen Kosmos der Gefühle.
Keine Tür ist zu öffnen
bis auf die letzte des stummen Schreis
erstickt beim Anblick der
eigenen traurigen Gestalt.
Der Schrei, der sich müde lief
im Labyrinth der Organe,
in den Gliedern des Körpers
um den Preis seiner Mitteilbarkeit.

Verdrängung

Trommelnde Worte auf der
geblähten Kugel
meines vollgestopften Leibes;
dennoch Herberge der Sehnsucht
nach den untersten Bilderspuren
aus der Frühzeit unter der
schützenden Schicht der Eiszeit.
Die Angst, wenn sie im Tränenstrom
dahin schmelzend alles überschwemmt.

Einsamkeit

Straßen wälzen sich
durch meine Einsamkeit,
und ihr Lärm häuft sich
auf dem Gesicht des Sees,
der seine Bilder verliert
und jenes Zittern der Stille.

Begegnung

I

Silbern brach aus deinem Auge
ein Lächeln. In seinem Strom
ein weites Maß der Dinge,
die namenlos in meines Schlafes
Tälern ruhen, wo blinder Fuß
nur Steine spürt.
Seit sie in dein Schauen fielen,
berühren sie sacht die Ufer
des Erkennens.

II

Tempel der Ekstase,
darin mein Unbegreifen tanzt,
dass ich es wage.
Und tausche mein Leben
mit dem Deinen
unter dem Himmel
göttlichen Lächelns.
Ich singe ihm die Strophen
seiner Schönheit,
furchtlos der zukünftigen Bilder.
Wenn uns die Frucht reif wird,
den Händen zu schwer,
doch mit dem Herzen zu tragen.

Verlorener Augenblick

Auf stieg meine Seele
in das Reich meiner Augen,
doch du sahst nicht hin,
sahst den Winden zu,
den zügellosen,
wie sie den Himmel verrieten
an stürmende Wolken.

Noch sind deine Worte
Vögel des Himmels,
die einsam die Kreise
ihres Stolzes ziehen
unter verwahrlostem Grau.

Unterschiedlichkeit

Du fragst mich –
die ich doch nicht in die
Gezeiten deines Tages reiche
und wo mein Tag nur müde
an den deinen lehnt,
wo ich ein Kind bin
im fremden Garten,
das scheu vor diesen
dunklen Blumen steht.
Doch statt zu laben,
lähmt es mir die Sinne
und verwirrt die Freude,
die im Vertrauten Weile sucht
aus Angst vor der zweifachen
Wahrheit zwischen dir und mir.

Träumerei

Wohnend im warmen Wind,
der sich sammelt in den
Höhlungen des heiligen Berges,
aufgeladen mit dem Atem
der duftenden Haine
umspielst du zärtlich
meinen Körper.

Über mir dein lichtschattenes Antlitz.
Und der Himmel, verschmolzen
mit dem Blau deiner Augen,
ergießt sich in die Poren
meiner ekstatischen Haut
und weckt die Sehnsucht,
geboren aus dem Quell der Verheißung,
die Frau zu sein, die ich bin.

Du bringst mich zurück
an die Strände des Lichts
und der tosenden Brandung,
an die meiner verschollenen
Leidenschaften vereint im
inneren Gesang und mit dir.

Verlorene Liebe

Dein Gesicht, das ins Schweigen wandert,
von der Zeit und den Träumen vertont
zur immer wiederkehrenden Strophe,
die Anmut zur Schönheit bringend.

Ich möchte singen und aufschreien
erneut einen Brand zu setzen
in die monderloschene Nacht,

so dass die weißen Muschelbänke
und die Kiesgesichter leuchten,
vom Geflüster der Ebbe benetzt.

Doch nur zaghaft und mühsam
mein Lächeln, nur das der Schwestern
mitleidig spöttelnd über
meinen diebisch fliehenden Schritt
aus ihren Häusern.

Vergebliche Liebe

I

Nicht dies,
dass ein Regen,
dass ein Morgen,
doch dies,
dass dieses Grau
keine Stimme birgt
und des Morgens Auge
kein Bild.
Kein Lied
bricht auf,
kein Wort
kehrt heim, was sich verlieh.

Dein Schweigen
entblößt
mein Warten,
verschleißt
mein Gewand;
eine Bettlerin
bittet den Tag
um Einlass
durch das Wehr seiner sperrigen Stunden.

Mein Schenken
steht zitternd
in der vergeblichen
Offenbarung.
Das letzte Wort,
der Zeit entwöhnt
und meinen
Händen entwachsen,
wird nicht
zur Brücke
des ersten, der Freude –
das Unbegreifliche
bleibt.
Meine Blindheit einzige Wohnstatt.

II

Leichtes Sterben heute,
da ich dein Leben sah
und mich gegen dieses
erblühte Land kehrte,
nichts als den einsamen
Himmel meiner Augen.

Fremdes Leben heute,
da ich vergesse.
Dein Lächeln verzögert den Tag
um das Brot eines neuen Wortes.

Die Bewegung deines Geistes
durchschimmert das Kommende

wie Hieroglyphen,
die bezwingend am Busche blühen
und den Kreis versöhnlich schließen
mit den Tagen der Kindheit,
Schweigen bergend und Schauen.

III
Dieser Schein deines
verblassenden Bildes,
danach in verarmender
Bewegung meine Augen
ihre tödliche Ruhe finden,
schlaflos im Schlaf,
immer einzig lastendes Bild
ohne die Trächtigkeit
des Erkennens.
Zu schmerzhaft scheint
die Geburt meines Bildes.

IV
Der Tag, an dem du ein Nächstes,
nichts Neues formtest,
dir und mir ein Rätsel –
nun rollt es sich auf

wie ein Blatt in Regen und Wind
und es bleiben Fragen.

Mein Gesicht wird kühl im Flug
durch den feuchten Morgen
und offen, wie eines Baumes Krone,
wie eines Vogels gespreizte Schwinge,
die sich auf den Wind legt
gedankenlos im Gedanken dieser Gebärde.

Verlorene Zeit

Wer hebt sie auf
die wunschentseelte
verlorene Zeit,
sammelt sie gleich
fruchtbarer Erde,
die auf ihren Samen wartet?

Ist es der Engel
der Barmherzigkeit,
der meine Tränen
nicht verwechselte mit
dem morgendlichen Tau,
die seine Flügel netzten
beim Durchwandern
meiner Nächte?

Er könnte sie für
die Kinder und Kindeskinder
verwahren und sie
ihnen zurückschenken
als das neu zu
bestellende Land.

Die letzten Tage?

Die letzten Tage
in der Welle der Müdigkeit
und der Verwirrung
fortgetragen in das
Meer der Erinnerungen,
bis in den unterirdisch
glühenden Lavastrom
vergangener Bilder.
Und das Eigentliche
sowohl im Versagen
als auch im Bestehen
will erfahren sein –
verbleibender Kontrapunkt
des Lebens.

Singe wieder

Singe wieder, mein Herz,
verlasse die Pfade gefährlichen Grübelns
über die sich ins Unglück wälzende Welt,
inszeniert von der menschlichen Gier.

Eingesponnen in den Kokon deiner Angst
trifft kein Laut auf dein Ohr,
wandern die Bilder, die das Licht
in deine Augen zaubert, nicht in dein Herz.

So wächst in dir die Larve des Vergessens,
weil Du das Ende nicht denken kannst.
Du erschrickst über das naive Kind in dir,
das vom Spiel die Zeit nicht trennt.

Singe wieder, mein Herz
auch wenn du nichts bewegst
und nur den Tag erläufst
und lächelnd in andere Augen tauchst

und unverhofft des Erkennens Widerschein
im Vorübergehen kleine Feuer zündet,
die dich wärmen über Tag
und Wege zeigen in des Abends Dunkelheit.

Spurensuche

Ich versinke in den Welten
und die Welten in mir,
kein Halten mehr
am abschüssigen Leben.

Auf dem Grund der Stille
erscheint uns nur das
kleinmütige Leben.
Ein kleines gebuckeltes Tier,

dein Herz und gräbt
mit müder Hand im Sand
nach verwehten Spuren
eines Seufzers, eines Lachens,

eines Klagens,
soviel davon in der Welt.
Und du begreifst,
dass zu verstehen nicht geht.

Stille

Im Anfang träumte Gott die Stille.
Aus ihr erwuchs die Zeit,
das Licht, die Dunkelheit.
Sie schaut uns an im unverwandten
Blick des herrenlosen Hundes.

Sie ist die Quelle aller Töne,
steigt himmelwärts im Lerchenjubel.
Sie verbirgt sich in den Farben
wie der Regenbogen im Licht.
Sie schläft im Arm des Windes

und schenkt der Welt die Träume.
Sie ist der Gesang
aus dem die Seele steigt.
Sie ist die in der Muschel
zur Perle geronnene Zeit.

Sie ist der Wächter der Unendlichkeit.
Sie ist die Kraft, die alles hält.
Sie ist das Licht, dass in die Farben fällt.
In ihr entstand der Schrei, das Wort
das sie erträglich macht.

Das Leben

Wo soll es denn nun Platz nehmen
das ganze Leben, wenn nicht in mir
in meinen Eingeweiden, in meinen
Tränen, meinem Seufzen und Lachen.
Doch es ist größer als ich selbst.

Die Scheune zu klein gebaut
für den großen Erntewagen,
und der Geist läuft in zu engen
Kreisen notwendiger Gewohnheiten,
er weht, nicht wo er will.

Ausgeblendet die Vielfalt
aus Furcht vor dem Chaos-Strudel.
Doch auf ruhigen Gewässern
kein Wind für die Segel,
die sich in die Ferne träumen,
Landschaften zu bergen.

Wo soll es denn nun Platz nehmen,
das ganze Leben,
das zerborstene, das bucklige,
das zerrissene, das geflickte,
das verfehlte, das geglückte,

das getriebene, das kriechende,
das strahlende, das sonnige,
das tränenverschleierte,
das getanzte, das zerzauste
das vertrödelte, das verkannte,

das versäumte, das verratene,
das fremde, das vertraute,
das herzzerreißende, geliebte Leben.
Das Haus zu klein, nur die Liebe
schafft weite Räume.

Matala-Wanderung

Als unser Herz in aller Frühe
den Füßen Flügel lieh,
die Höhen zu überwinden
bis zur heiligen Stätte,

wo das blaue Auge des Himmels
auf die blaugrüne Farbe
des Meeres trifft und die
Unfassbarkeit dieses Wunders

der Seele Lieder entlockte
und aufwühlende Worte
aus dem Meer des Gemüts
ausklingend im Lächeln,

das die Sonne auf die Felsen goss –
als wir gesättigt vom Licht
und von den in uns entfachten Farben,
da entstand diese kleine Ewigkeit

des staunenden Schauens, die,
in die vorwortliche Untiefe fallend,
neue Worte finden ließ
für eine neue Welt.

,

Es spricht in mir

Es spricht und spricht in mir –
ein ewig murmelnder Fluss von Worten
gleich Tauwasserrinnsalen im Frühling.
Es schweigt nicht im Schweigen.

Im Anfang waren die Bilder,
die dein Herz jauchzen ließen
und eine vertraute Stimme flüsterte
die Worte solange, bis sie Platz nahmen
im Hort der Erinnerung.

Auch im Schlaf spricht es
Traumbilder weckend,
auffliegende Vogelschwärme,
die im Seelenbaum nisten.

Worte, fallende Blütenblätter,
Regentropfen auf glatter See,
dahin gewehte leichte Brise,
irgendwann anwachsend zum Sturm
und das pochende Herz
explodiert im Gesang.

Wo spricht es, wenn nicht mehr in mir,
wenn meine Stimme verklingt
und das Gedächtnis verweht?
Worte, sie wollen gesprochen sein.

Wenn ich aufhöre zu sein,
versiegt dann der murmelnde Fluss
oder ergießt er sich in die
unterirdisch wandernden Wasser
der allzeit gesprochenen Worte?

Rückblick

Unter des Todesengel Flügel
verrinnt die Wahrheit
wie Wasser im Sand.
Wildwuchs des bisher Verständlichen

zu unlösbaren Rätseln.
Die einst geraden Wege
enden im Labyrinth,
verloren der Ariadnefaden.

Die unausgesprochenen Worte
finden keinen Nistplatz –
längst besetzt von den
Heerscharen der unbedachten.

Gedanken wie von achtloser Hand
abgebrochene Blumen;
sie doch noch zum Strauß
zu binden für ein kürzeres Blühen.

Das laute Glück verschlingt
sich selbst im eigenen Lärm.
Das leise Glück ist die unerkannte Fracht
auf kleinen Booten im Strom der Zeit.

Das Glück ist, das Glück als Glück
zu erkennen, wenn die Zeit die
Farben erfindet, aufleuchtend
im Wagnis des zurückblickenden Auges.

Die Zeit,

Sie lässt sich nicht verschwenden,
sie lässt sich nicht sparen,
sie lässt sich nur leben
und dies nur bedingt und augenblicklich,
weil doch immer schon vergangen;

unbemerkt und nur messbar
im Spiegel der Trauer,
in deinen kindlichen Fernen festgesetzte,
mit den Jahren geronnene Welt.

Der Augenblick ist die Blüte,
seine Bedeutung die Frucht.
Die Zeit bis zu ihrer Reife,
ob süß oder bitter,
gehorcht eigenen Regeln.

Sternentotentanz

Aus urzeitlichem Nichts geboren
und in die Umlaufbahn geworfen
wie ein Feuerpfeil aus dem
von göttlicher Hand gespannten Bogen

schwindet nach billionen Jahren
kreisender Einsamkeit die Ferne
und zwei Sterne laufen sich entgegen
wie Liebende bar jeden Schicksals.

Ein aufflackerndes Zaudern
wie ein Erstaunen,
ein kurzes heftiges Werben
in meandernden Kreisen,

einen Wimpernschlag lang.
Überrascht vom tödlichen Sog
wächst ihr blitzendes Licht
in der Verschmelzung zur

atomaren Helle um zu erlöschen
im lautlosen Urton des Universums,
billionen Jahre Ewigkeit
von der Endlichkeit verschlungen.

Das Lied

Das Lied fand
kein Zuhause,
keine Stimme,
kein Herz.
Es verflog
im Wüstensand
meiner müden Gedanken
und schlief ein –
eine Perle im Traumhaus
der Muschel verwahrt
auf dem Meeresgrund.

Lebenswege

Die Wege kamen dir entgegen,
du warst so sicher im Vorwärtsgehen
mit Schritten verlustig des Tanzes –
der Seele göttliche Anleihe.

Nur hin und wieder öffnete sich
der Fächer deiner Talente,
so viele lose Fäden nun in deiner Hand,
die zu knüpfen dir das Muster fehlt,

schwer entzifferbar das gewucherte Geflecht
fremder Erwartungen und deiner Neigung.
Die leisen Stimmen säumen nun die Pfade,
die du suchend zurückläufst,

züngelnde Feuer an deinen Füßen,
die die Fesseln sprengen wollen,
dass der Blütenbaum deines Lächelns
wachsen kann, versorgt mit dem

Wasser deiner Tränen und gewurzelt
im Erdreich deiner Geschichten,
die du in seinem Schatten jetzt
erlauschen könntest und einen
alten Tanz beginnen.

Und jetzt weißt du,
was wir nicht von Herzen wissen,
besitzen wir nicht,
und haben wir uns selbst,
so haben wir das Glück.

Lebensabend

Die kleine Katze spielt sich
in den Tag, davon dir nur
der Abend noch gehört.
Du fliehst nicht aus dem Leben,
das Leben flieht aus Dir.

Der Raum ist klein geworden,
voll mit Schätzen für
das Alter gesammelt,
das nicht kommen sollte.
Jetzt ist es da, unabwendbar,

wie die zweite Geburt
in den Tod, die wie die erste
nicht geübt werden kann.
Die schmerzhaften Wehen
des Abschieds von den

kleinen Wundern, die allmählich
ihre Wohnstatt verlieren,
ihre Bilder das Auge verlassen
und ihre Klänge sich vor den
Ohren stauen, die die Tore
langsam schließen.

Gewohnheit

Sie bannt den Augenblick,
verspricht dem Sein Gewicht
und weiß vom Ende nicht
und schützt uns vor
dem Sog des Nichts.

Sie gibt der Freiheit
ein erträglich Maß
und verdeckt die Stille
der Vergänglichkeit.
Sie verschwendet Kraft,

im Kreislauf kurzer Ziele
und spinnt das Netz,
darin der Geist sich fängt;
sein Ausbruch ist
Scheitern oder Neuanfang.

Sinn

Sinn sucht sich keine Wege
wie das Wasser,
er ist da oder nicht da,
leicht oder mühsam
von uns erschaffen.

Er zerfällt mit der Zeit
und entsteht mit der Zeit.
Er wird die Beute der Nacht
und der Alpträume,
verschluckt von der Angst.

Und am Morgen haben deine Füße
ihren Schritt vergessen;
Sinn war Zukunft zu haben.
Heute ist nur noch der Tag
und die Banalität aufzustehen,

und wie immer die gleichen
Vorkehrungen zu treffen,
das Laken zu glätten,
als sei es das Leben.
Und die Notwendigkeit,

die Wiederholung
trivialer Abläufe
ästhetisch zu verkehren,
die Spange mit müder Hand
ins graue Haar zu zwingen

und eine Frisur zu versuchen,
die zum Alter passt,
das nicht sein soll.
Die Mühe, die Alltäglichkeiten
nicht zu Alltätlichkeiten

wuchern zu lassen
und die vergangene Zeit
in eine Kugel aus Gold zu
verwandeln und unter
dem Herzen zu tragen.

Tage

Da sind Tage grau gemalt
und achtlos hingeblättert,
im Gleichklang namenlos
verschwendet, als kehrten sie wieder
in bunten Farben und wären
der Auferstehung verschrieben.

Tage in Emsigkeit erstickt,
von keinem Sinn beseelt,
übereinander gefallene Steine
an keine Hand gewohnt.

Und da sind Tage mit
leichter Melodie, die
sich selbst erfanden
und auf Fahrt gingen
wie unsinkbare Schiffe
auf hoher See.

Doch blickst du zurück
war da ein Glück versteckt
in unscheinbaren Farben,
so wie der Atemzug,
der von sich selbst nichts weiß.

Himmelsleiter und Berge

Aus des Himmels Mittagsbläue
glitt die Himmelsleiter
mir zu Füßen.
Spross um Sprosse
Stund' um Stunde
stieg ich in den Tag,
den Wind im Haar
und roten Mohn.
Der Lerchen Jubellied
schenkt Flügel mir,
dass ich nicht falle.

So geh ich durch den Tag
wie durch mein Leben,
und Spross um Sprosse,
Tag um Tag, Jahr um Jahr
erscheint das Lachen und das Weinen
das Sehnen und das Hoffen,
das Lieben und das Hassen.

Und die von der Ewigkeit
behauenen Gesichter
der königlichen Berge grüßen
mit jungfräulichem Schnee
anfänglich immer.

Zerstörte Welt

Von der Zerstörung der Welt
getrübtes Auge
ist fortgeschwommen
auf dunklem See,
den Schatz der Bilder
der Tiefe übergeben.

Wann steigen sie wieder auf
und füllen die Netze
mit alten Geschichten,
neu zu erzählen mit einer
neuen Zeitrechnung
nach dem Schrecken?

So treibe ich in der Zeit,
wie auf einer Eisscholle
auf dem Fluss, vorüber
an den Ufern der Vergangenheit.
Beängstigend belanglos
der Wind, der durch
mein Denken weht,
dem Erinnern verfallen
und der Zukunft verlustig.

Innehalten

Alles schnurrt zusammen
auf eine sich selbst
verschluckende Spule,
die kleine Ewigkeit
der Lebensjahre
in eine Sekunde gezwängt,
die alles in Frage stellt,
und die Illusionen
zerschellen lässt.

Die Tage wie Nussschalen
ins Meer der Geschichte geworfen,
das ständig seine Opfer fordert
im abgewandten Gesicht Gottes.
Der Schmerz scheint tiefer
als das Leben reicht
und weint sich durch
die Jahre unbemerkt,
irgendwie nach Worten
suchend, die, ausgetauscht,
die Währung schaffen
und den Sinn erfinden könnten
für einen Augenblick.

Endliche Gedanken

Der Tod hat mich
zu Tode erschreckt. –

Der Frühling schenkt
den Anfang nicht,

dem Sommer fehlt
der leichte Schritt,

der Herbst holt
keine Ernte ein,

ein Winter, der
nicht enden kann.

Das Leben fern.
Der Tod so nah.

Seelenherbst

Das Schwinden der Seele
wie das Schwinden der Farben
in der Dämmerung.
Das Wachsen der Trauer
dennoch am Baum der Jahre.
Bleibt nur
das Herz zu heben
durch die fallenden Blätterwelten
dem Himmel des Erbarmens
entgegen, es dem Vergessen
zu entreißen.

Zwischenpause

Die wie eine Hundemeute
von meinen Fersen
geschüttelte Hetze,
ehe sie mich blutig beißt,
fall ich auf den Stuhl
im Eck-Cafè.

Aus der Geschäftigkeit
der Vorübereilenden
löst sich ein Lächeln,
wie eine Sternschnuppe,
so leuchtend, so kurz.
Es schiebt sich wie eine Blume
aus der Ritze im Asphalt
in den Traum.

Eine winkende Kinderhand,
flügge geworden
unter dem Lächeln der Mutter,
lässt mein Herz stolpern
über seine Endlichkeit,
den zweiten Quantensprung ersehnend.

Bin ich schon...

Bin ich schon
das ausgehauchte Leben,
der letzte Atemzug,
der in der Mittagshitze
schwirrt und die
Wasserspiegel kräuselt
und das Laub zum Kreisel dreht ?

Bin ich das Rot
im Ahornblatt,
das der Herbst entzündet,
als gäb`s den Winter nicht?
Macht sich meine Seele
mit ihren Seufzern
über ungereifte Tage
auf den Weg,

und betreibt das Glitzern
des Meeres schon die
Wiedergeburt meines Geistes,
vereint mit dem Geist,
der über den Wassern schwebt?

Das Nichts

Das Nichts ist und ist nicht,
nur denkbar als Wort ohne Bild,
als Synkope zum Sein,
die Pause zwischen zwei Herzschlägen
zwischen Lidschlag und Lidschlag.

Wenn aber alles im Energiestrom
der Verwandlungen erhalten bleibt
und nichts zu Nichts zerfällt,
ruft unsere unvorstellbare Sterblichkeit
das Nichts ins Wort, beides
dem Begreifen fremd?

Die einzige Rettung:
Das spielende Kind in mir
weiß nichts vom Tod,
es segelt im Schiffchen des Augenblicks,
dem einzigen Ort der Ewigkeit.

Das Absurde

Als der Verstand Gott abschuf
fand sich der Geist in der Wüste
der tönernen Klänge
und des schwindenden Lichts
und eines verheißungslosen Windes
ohne Einzug ins Herz.

Erloschen der brennende Busch,
zerbrochen die Tafel der Gebote.
Was bleibt ist das Warten auf Regen,
der die Wüste zum Blühen bringt,
und das Absurde seinen Platz hat
und seine Leidenschaft findet

und das Herz nicht zerbricht
im Spiegel seiner Einsamkeit,
und lernt die Fremdheit
der Welt zu ertragen.

Zeitfracht Medien GmbH
Ferdinand-Jühlke-Straße 7
99095 Erfurt, Deutschland
produktsicherheit@kolibri360.de